高校图书馆信息资源建设与服务创新研究

余艳娜◎著

文化发展出版社
Cultural Development Press
·北京·

图书在版编目（CIP）数据

高校图书馆信息资源建设与服务创新研究 / 余艳娜著. -- 北京 : 文化发展出版社, 2024. 12. -- ISBN 978-7-5142-4600-1

Ⅰ. G258.6

中国国家版本馆 CIP 数据核字第 2025UA9224 号

高校图书馆信息资源建设与服务创新研究

余艳娜 著

责任编辑：岳智勇　　责任校对：侯　娜

责任印制：邓辉明　　封面设计：守正文化

出版发行：文化发展出版社（北京市翠微路 2 号 邮编：100036）

网　　址：www.wenhuafazhan.com

经　　销：全国新华书店

印　　刷：天津和萱印刷有限公司

开　　本：710mm×1000mm　1/16

字　　数：210 千字

印　　张：10.5

版　　次：2025 年 6 月第 1 版

印　　次：2025 年 6 月第 1 次印刷

定　　价：72.00 元

I S B N：978-7-5142-4600-1

◆ 如有印装质量问题，请电话联系：010-58484999

前 言

信息资源建设是图书馆和其他类型信息机构开展各项业务工作和服务工作的一项核心性、基础性工作。高校图书馆作为高等教育的重要信息中心，其主要任务之一是建设全校的文献信息资源体系，为教学、科研和学科建设提供文献信息保障。由此可见，信息资源建设工作决定着高校的办学水平和办学质量。随着信息技术的发展、网络环境的形成和“互联网 +”时代的到来，信息资源建设的理论体系、组织管理、开发利用、资源评价、保障体系和共建共享等都发生了根本性变化。如何有效构建新时期高校图书馆信息资源保障体系，最大限度地实现信息资源共建共享等相关问题是图书馆界积极研究的重要课题之一。

在信息快速发展的今天，图书馆作为信息传递的重要场所，更多的是为读者提供快捷有效的服务。读者服务工作简称读者工作，就是组织读者进行利用图书馆资源的各项活动。在图书馆中，读者工作是直接与读者接触的第一线工作，在现代高校图书馆工作中占有极其重要的位置，既是图书馆工作的外在表现，也是学校宣传教育系统的组成部分，更是图书馆文献交流系统的中间环节。高校图书馆可持续发展的基本前提在于做好信息资源建设与读者服务。读者服务工作是图书馆信息资源建设的核心价值，肩负为读者提供良好的馆藏信息服务的使命。

本书共六章。第一章为绪论，主要介绍了高校图书馆概述，对信息、资源与信息资源的认识，信息资源的类型、功能与发展，信息资源建设的概念及其嬗变。第二章为高校图书馆信息资源体系建设，主要介绍了高校图书馆信息资源保障体系建设、高校图书馆信息资源评价指标体系的构建。第三章为高校图书馆信息资源的共建共享，主要介绍了高校图书馆信息资源共建共享解读、高校图书馆信息资源共建共享的模式、实现高校图书馆信息资源共建共享目标的保障。第四章为高校图书馆信息资源的检索、利用与阅读推广，主要介绍了高校图书馆信息资源的检索、高校图书馆信息资源的利用、高校图书馆信息资源的阅读推广。第五章为高校图书馆服务内容分析，主要介绍了高校图书馆服务类型概述、高校图书馆服务的现状与存在的问题、高校图书馆服务的创新模式、高校图书馆管理与服务创新的融合发展。第六章为高校图书馆服务创新实践，主要介绍了高校图书馆信息素养教育及学习支持服务创新、高校图书馆学科服务互动推广及协同创新、高校图书馆学习空间服务创新、高校图书馆数字资源服务创新。

在撰写本书的过程中，笔者参考了大量的学术文献，得到了许多专家学者的帮助，在此表示真诚感谢。由于笔者水平有限，书中难免有疏漏之处，希望广大同行及时指正。

余艳娜

2024 年 5 月

目 录

第一章　绪论

网络的不断普及和发展，使网络信息资源的发展趋势呈现出星火燎原之势，且迅速成长为一个图书馆的信息资源的来源渠道。本章主要从四个角度来进行论述，一是高校图书馆概述，二是对信息、资源与信息资源的认识，三是信息资源的类型、功能与发展，四是信息资源建设的概念及其嬗变。

第一节　高校图书馆概述

一、高校图书馆的含义

图书馆是一个专门搜集、整理并保存各类信息资料的机构，它的主要职责是为公众提供文献查询服务，并保护收藏的信息资源，确保这些资料得以妥善保存。随着人类文明的不断演进和发展，图书馆在人类文化遗产记录与共享方面发挥的作用日益凸显。图书馆凭借科学的管理体系和合理的文献资源配置策略，不仅成功实现了信息资源的有效开发与广泛共享，还主动吸纳社会教育体系，为公众提供了丰富的知识资源。图书馆定期策划并举办多样化的讲座、展览及阅读俱乐部活动，邀请各界学者与专家分享他们的经验与智慧，促进了知识的传递与交流。在致力于保护珍贵文献资源、传承历史文化遗产的同时，图书馆也积极响应时代需求，满足了社会各界对信息咨询的迫切需求，为民众提供了高效、便捷的信息获取服务。现代图书馆除了提供基础的文献资源查找服务之外，还拥有完善的基础设施、优良的阅读环境以及宁静的学习氛围，为公众提供了良好的学习场所。

高校图书馆的主要服务对象是校内的师生，致力于为教学活动和科研活动提供必要的文献信息支持，并在高校中扮演着教学辅助部门的角色。与公共图书馆相比，高校图书馆重点收集与本校学科及边缘学科相关的文献资料，并适度收藏一些普及性文献，藏书内容更为全面，专业性更强，以满足不同读者的需求。高校图书馆所收藏的图书多涉及当前科学发展的最新成就，为师生提供前沿的学术资源。高校图书馆通常会根据学校的学科设置和教学科研需求有针对性地采购和收藏各类文献资料。图书馆的工作人员也会定期对馆藏进行评估和更新，确保文献资源的时效性和实用性。高校图书馆的主要资金来源通常是其所属高校的财政拨款，高校通常会将图书馆的经费支出纳入学校的整体年度预算之中，为了满足学校不断发展的需求和教学科研的实际需要以及学校的整体发展计划和预算安排，高校通常会逐年增加图书馆的经费。在我国，除了民办高校之外，绝大多数高校都是由国家财政投资建设的，因此其资产从根本上来说是属于国家的，是整个社会的共同财富。高校的建设和发展离不开国家的大力支持和投入，因此它们的资产理应被视为国有资产，在一定程度上，作为高校教学辅助部门的图书馆，其资产也属于国有资产。在一定程度上，高校图书馆可以被看作非政府公共机构，它们虽然不属于政府部门，但其提供的服务具有公共性质，作为非政府公共机构，高校图书馆承担着政府公共服务职能。

二、高校图书馆的特征

（一）学术性

学术性是高校图书馆十分明显的特征。图书馆在文献信息资源的内容、学科服务流程以及服务内容、手段和方法方面，均展现出显著的专业性和学术性。图书馆不是简单的藏书场所，也并非独立的学术研究机构、行政机构和单纯事务性的服务机构，而是具有深厚学术底蕴和专业服务能力的学术机构，在高等教育和科学研究中扮演着至关重要的角色。随着高等教育和科学技术的不断进步以及信息技术的飞速发展，为了满足日益增长的学术需求，适应数字化、网络化和智能化的新趋势，高校图书馆要不断提高其各项工作的学术水平。图书馆需要不断更新信息资源，优化学科服务流程，创新服务内容、手段和方法，以更好地支持教学和科研工作，为师生提供更加丰富、高效和便捷的学术资源和服务。

（二）服务性

高校图书馆是为学校教学和科研服务的学术性机构，其服务性特征不言而喻。这种特征也是通过为教师和学生服务来体现的。高等学校学科资源丰富，科研力量雄厚，与之相配套的高校图书馆具有丰富的专业馆藏和信息资源。图书馆的中心任务，就是通过提供参考、接受咨询等工作为这些作为用户的教师和学生对这些文献信息资源的利用提供便利的服务，进而有助于学科建设水平的提高。图书馆的图书借阅、图书流通、提供参考、接受咨询、宣传和导读等工作是直接为读者提供服务的；而收集图书、整理图书、加工图书、典藏图书等工作，则是间接地为读者提供服务。

（三）科学性

科学性是高校图书馆工作的重要特质，也是提升学科服务效能的基本要求。高校图书馆始终处在科学技术研究的前沿位置，其系统性和科学性、机构设置、体系构建、工作流程等，都对高校图书馆的科学性提出很高的要求。从工作流程的角度来看，高校图书馆的操作流程是系统化和科学化的。高校图书馆承担着为学校的科研活动提供全面而丰富的文献资源支持的重要职责，这意味着图书馆需要不断扩充和更新其馆藏资源，以满足广大师生在学术研究和教学活动中的各种需求，为科研工作做好铺垫，这些都属于科学研究的前期准备工作。作为收集、整理、管理维护、储存、开发、传送信息资源的机构，高校图书馆在采购、流通、阅览、信息服务及技术服务等各个环节中，也都有着一套科学的工作规范。

（四）依附性

高校图书馆作为高校的一个组织或部门，它依附于高校，其形象是高校整体形象的一部分。良好的组织形象是组织知名度和美誉度的有机结合与高度统一。高校图书馆的知名度依赖于社会公众对高校的了解熟悉程度。良好的图书馆形象有利于树立高校的整体形象，而良好的高校整体形象也必然提升图书馆形象，给图书馆形象的塑造创造良好的外部环境。因此，图书馆对其所属高校有很强的依附性。

（五）教育性

高校图书馆是一个教育机构。它以丰富的馆藏文献为基础，通过灵活多样的形式和途径来传播科学文化知识，可以推荐宣传文献，可以辅导阅读形式，也可以举办各种丰富多彩的活动，如学术报告会、读书心得交流会、图书期刊评论会等，以激发学生的学习兴趣，获得更好的教育效果。高校图书馆是广大学生自学的场所，也是进行终身教育的基地，图书馆教育既是学校教育的补充又是学校教育的延续。

在当前社会转型、各种文化思想碰撞的现实情况下，高校图书馆要认真选购、推荐有品位的好书，建设有正能量的文献信息资源体系，成为学生和教师接触新思想、获取新知识的主要阵地。

三、高校图书馆的产品属性

高校与其他社会组织之间存在着根本性的差异，主要体现在它们的运作目标和功能上。具体来说，高校并不追求商业利益，而是将全部精力投入教育活动的开展中，因此高校属于具有社会服务性质的组织。高校承担着重要的公共责任，通过教育和研究活动为社会培养人才，推动知识的传播和创新。高校有特定的教育对象，即学生。为了实现教育目标，高校会制订独立的教学计划和人才培养方案，确保教育内容和方法能够满足学生的成长需求。此外，高校还需要管理教育经费和财务支出，确保资源的合理分配和使用。

（一）效用的分割性

公共产品的效用具有不可分割性，这意味着公共产品一旦被提供，任何人都可以享受到其带来的好处，并且这些好处无法单独分配给特定的个人或群体。与此相反，私人产品则表现出效用的可分割性，其效用归属于购买者。高校图书馆作为教育机构的重要组成部分，根据学校既定的教学目标、专业架构以及科研需求购置相应的图书和电子资源，这些资源的购置是为了满足在校师生的学习和研究需求，而不是为了盈利或其他目的，在校师生可以凭借有效证件使用这些图书馆资源，而校外人士则不具有这种权利，因为他们不是高校图书馆服务的对象。探讨高校图书馆资源是否具备效用的可分割性，需从两个维度进行分析。第一，从资源的物理属性来看，图书资源在一定程度上可以被划分为若干单位，图书资源的效用也因此具有可分割性，从而展现出私人产品的属性。第二，高校图书馆收藏的电子信息资源可供多人同时使用并且使用者之间不会相互干扰，其效用具有公共产品的不可分割性。

（二）消费的竞争性

高校图书馆文献资料产品的消费竞争性主要通过新增读者对其他读者利用图书馆资源的质量产生的影响体现出来，具体来说，在文献资源有限的条件下，如果新增读者的数量没有超过图书馆的馆藏容量，那么其他读者对资源的使用质量不会受到任何影响。然而，一旦服务需求超过了图书馆的馆藏容量，部分读者将无法获得他们所需的资源，从而导致资源使用质量的下降。总之，在高校图书馆的馆藏资源容量范围内，文献资源产品并未表现出明显的消费竞争性，读者在使用这些资源时并不会相互干扰或产生竞争关系，当服务范围超出馆藏资源数量范围时，文献资源的消费竞争性才会体现出来。至于电子资源，由于读者在进行浏览、检索和下载等活动时并不会妨碍其他读者的使用，电子资源的使用也不会增加图书馆在资源采购方面的成本，因此其不会表现出消费竞争性。

（三）受益的排他性

在当前的教育环境和学术环境下，许多高校的图书馆都表现出了受益的排他性特征。第一，随着图书资源成本的不断上升，高校图书馆的经费不断增加，在这种情况下，图书馆未能及时更新信息资源，服务能力也受到了很大约束，这就使得对外开放变得更加困难。第二，图书馆缺乏有效的管理机制，如果向其他高校的师生开放，可能会带来安全隐患，并且容易导致信息知识产权遭受侵害。

四、高校图书馆的职能

（一）高校图书馆的德育职能

高校图书馆的主要职能是为学校师生提供文献信息服务，近些年来，随着高校基础设施建设的持续加强和信息技术的快速发展，图书馆不仅在纸质图书、期刊、报纸等传统文献资源的建设方面加大了投入，还在电子图书、数据库、在线期刊等数字资源方面进行了大规模建设，这些举措显著提升了图书馆的信息咨询服务能力，使其能够更好地满足师生的需求。高校图书馆在为师生提供丰富文献资源的同时，也在不断拓展其教育功能，图书馆的教育职能依托于图书馆在文献资源、信息技术、活动场所等方面的优势，与高校的教育任务相辅相成，都致力于实现人才培养的目标。图书馆通过举办各种教育活动，如学术讲座、读书会、研究指导等，为师生提供了一个良好的学习和研究环境，进一步促进了知识的传播和学术的交流。

高校图书馆承担着重要的教育职责，其教育功能可分为三个方面。第一，图书馆需要依据高校人才培养方案中的德育目标开展一系列德育相关的工作，这些工作旨在培养学生的道德素养和价值观，使他们具备良好的道德品质。第二，图书馆还需要与高校的课堂教学目标相协调，开展专业知识教育活动，为学生提供丰富的专业书籍、期刊和其他资源，帮助他们理解和掌握专业知识，为他们的学术研究和未来的职业生涯打下坚实的基础。第三，图书馆还需要基于自身发展需求开展与业务相关的教育活动，这些活动旨在提升图书馆的服务质量和工作效率，以更好地满足师生的需求。此外，图书馆是学校思想文化的重要阵地，具有文化影响力和思想引导功能，通过为学生提供各种德育资源，能够帮助学生树立正确的世界观、人生观和价值观。通过开展德育工作，图书馆不仅能够为学生提供全面的知识教育，还能够在思想道德层面上给予他们正确的引导，为培养德才兼备的高素质人才做出重要贡献。

高校图书馆在开展德育教育的过程中，教育内容和形式并不固定，尽管德育教育的教育对象广泛，涵盖了广大师生，但其受众群体的不稳定性较大，这些特性决定了高校图书馆在开展德育教育时存在一定的局限性。目前，高校图书馆的德育教育未能被纳入高校的德育教育体系之中，在开展德育教育的过程中往往没有充分地与理论教学部门以及其他相关部门进行有效的协同与合作，这种做法可能会导致图书馆德育教育的实施缺乏全局性和系统性，从而影响其教育效果。此外，德育教育本身是一项长期而复杂的工作，其成效往往难以在短期内具体量化。德育教育不仅仅是传授知识，更重要的是培养学生的道德品质、价值观和社会责任感，这种教育效果的显现往往需要较长时间的积累，因此，短期内很难通过具体的数据或指标来衡量其教育成效。因此，在研究和探讨高校图书馆的德育功能时，我们必须准确地把握这些现实情况，我们不能过分夸大图书馆的德育功能，以至于干扰图书馆的基本工作，图书馆的主要职责仍然是为学校师生提供文献资源、信息服务和学习环境，高校图书馆应在履行基本职责的前提下开展德育教育工作，以确保图书馆的正常运行。

1. 高校图书馆德育教育的内容

高校图书馆作为高等教育体系的重要组成部分，承担着德育教育的重要任务。图书馆不仅是书籍和资料的集散地，更是大学生思想道德教育的重要场所。为了全面提升学生的个人综合素质，培养他们成为具有高尚道德情操和社会责任感的高层次人才，图书馆应依据国家的教育方针、学校的教育目标以及自身的教育理念对大学生进行思想、道德、价值观等方面的教育引导。基于这一目标，目前高校图书馆德育教育的内容可以划分为以下几个方面。

(1) 爱国主义思想教育

热爱祖国是当代大学生的基本行为准则之一，对于大学生而言，对祖国的热爱是一种驱动力，它体现了大学生作为国家未来的建设者与祖国之间的紧密联系，不断提醒他们要心怀国家，将个人的命运与国家的前途紧密相连。这种热爱促使大学生致力于为国家的未来发展而努力学习，不断提升自己的知识水平和专业技能，为国家的繁荣富强贡献自己的力量。通过图书馆开展的丰富多彩的爱国主义教育活动，大学生能够更加深入地了解国家的历史与现实状况。通过这些活动，大学生能够明确自身的责任与使命，认识到作为新时代的青年所肩负的推动国家进步和发展的重任。

（2）人生观教育

人生观是个体对于生命问题的理解和认识，不是一个简单的概念，而是一个涉及一系列复杂问题的庞大体系。对于大学生来说，他们正处于人生观形成的关键时期。在这个阶段，他们的思想和观念最容易受到外界因素的影响。社会上的多元文化、突发事件以及消极观念等因素均可能对大学生树立正确的人生观产生干扰和影响。因此，高校肩负着向学生阐明人生意义和价值的使命和责任。高校应通过各种方式引导学生正确面对生死荣辱、理想与现实等问题，通过教育和引导，帮助学生建立正确的人生观，使他们能够在未来的人生道路上面对各种挑战和困难时保持积极的态度、拥有坚定的信念。此外，高校还应为学生提供丰富的社会实践机会，使他们能够在实践中体验和感悟人生的意义。通过参与社会服务、志愿活动、实习实践等，学生可以更好地了解社会、了解他人，从而更好地认识自己，树立正确的人生观。

正确的人生观教育对于大学生的成长和发展至关重要，它可以帮助大学生树立积极向上的人生目标，培养健康的心理素质，应对各种挑战和困难，从而顺利度过大学生活，为未来的职业生涯和社会生活打下坚实的基础。缺乏正确的人生观可能会导致一些学生在离开家庭的支持独立面对校园生活时，在思想方面出现消极倾向，这些学生可能会因为学业压力、情感困扰、健康问题等原因采取一些不当行为，这些行为不仅会对他们的身心健康造成严重损害，还可能对他们的社交关系产生负面影响，进一步加剧他们的孤独感和无助感。因此，为了应对这种情况，在高校图书馆日常的宣传教育活动中，应加大对大学生人生观教育的力度，为学生提供心理辅导服务，帮助大学生更好地适应独立生活。

（3）价值观教育

价值观是指个体在判断周围人或事物对于特定个体或社会机构是否具有意义时所持有的观点和信念。这些观点和信念是个人在长期的生活经历和教育过程中逐渐形成的，它们反映了个体对善恶、美丑等基本问题的看法。简而言之，价值观即个人对客观价值的内在认同和评价标准，它们在很大程度上决定了个体的行为方式和决策选择。大学阶段是大学生价值观塑造及成熟的关键时期，在这一时期，随着学生知识水平的不断提升和自我认知辨析能力的逐步增强，他们开始更加深入地思考和探索生活和社会现象的本质，这一时期形成的价值观念往往会对个人的未来发展产生深远的影响，因此，大学阶段是培养学生正确价值观的重要时期。

高校图书馆在德育教育方面扮演着至关重要的角色，通过文化教育、环境熏陶以及管理制度的实施，图书馆为大学生提供了一个全面的德育教育环境。高校图书馆所倡导的价值观念与社会主义现代化建设的要求相契合，将这些价值观念融入图书馆的建设与管理之中，能够对大学生产生积极而深远的影响。图书馆的环境布置、书籍选择以及各种文化活动都在潜移默化中影响着学生的思想和行为。此外，图书馆定期举办的各类讲座、研讨会和文化活动也为学生提供了与专家、学者交流的机会，进一步拓宽了他们的视野，提升了他们的综合素质。

（4）职业道德教育

对于大学生来说，就业无疑是一个重要课题，在职场中，职业道德是大学生社会道德的具体体现，它关系到个人的职业发展和社会形象。大学生要积极主动地遵守职业道德规范，不断积累经验、提升能力，最终实现个人的职业目标。培养良好的职业道德对于大学生来说至关重要，具体而言，职业道德对大学生提出了明确的要求，即大学生需要对自己的工作内容、目标和期望有深刻的认识，从而有效地履行自己的职责。同时，职业道德还要求大学生始终将全心全意为人民和社会服务作为自己的行动指南，这是职业道德最基本的原则。在履行职责的过程中，大学生应展现出高度的职业责任感，不仅要在工作中表现出积极主动的态度，还要对自己的工作成果负责，确保工作的质量和效率。此外，大学生还需严格遵守职业规范和纪律，要遵循行业标准和职业道德准则，不得违反相关规定和要求。只有这样，大学生才能在工作中表现得更好，赢得他人的尊重和信任。为了更好地适应未来职场环境的变化和发展，大学生需要明确自己的职业规划，不断提升自身的职业认识，通过不断学习新技能、积累经验来提升自己的职业竞争力。

2. 高校图书馆德育教育的过程

基于对德育教育对大学生的影响以及大学生心理接受过程的深入分析，高校图书馆在德育教育中对大学生的道德教育可分为下面几个层面。

（1）提高道德认识

德育教育是确保大学生能够在未来的社会中发挥积极作用、贡献自己力量的关键所在。通过系统的德育教育，我们能够帮助学生树立正确的价值观和道德观，使他们在面对各种社会现象和问题时做出符合社会主义核心价值观的判断和选择。道德认知是塑造大学生个人道德行为的核心要素，如果没有正确的道德认知，大学生将很难树立起正确的道德标准。为了提升大学生的道德认知水平，必须在德育教育的过程中有意识地深化大学生对道德原则和规范的理解，从而进一步提高他们的道德标准和道德素养。高校图书馆要采取多样化的教育方式和影响手段让学生深刻理解社会道德的要求、原则、规范和制度，使得大学生能够更好地理解和践行社会道德要求，为他们未来成为社会的精英打下坚实的基础。

（2）确立道德信念

道德信念是道德认知的进一步深化和升华，正确的道德信念具有历久弥新的力量，它能够转化为个人道德行为的强大驱动力，影响大学生的思想和行动，使其在日常生活中展现出坚定和持久的道德信念。高校图书馆应当发挥其独特作用，针对不同身份和背景的大学生开展不同层次和形式的信念教育。通过丰富的图书资源和多样的学习活动，图书馆可以强化与学校教育工作的协同效应，引导学生更好地理解和践行道德信念，使学生在实际生活中体现出高尚的道德品质。

（3）培养道德情感

所谓道德情感，是指大学生在遵循一定的德育观念和原则的基础上，在处理各种事务和人际关系的过程中，逐渐培养出的一种积极或消极的情感倾向，这种情感倾向是对人或事物的内在评价和判断，它能够深刻影响个体的行为和选择。道德情感不仅是对道德规范的认同，更是深层次的情感体验和价值判断，它能够促进个体对真理和正义的追求，成为推动道德行为的内在动力。与单纯的道德认识相比，道德情感能够产生更为持久和稳定的德育效果。对于大学生而言，他们在接受德育教育并形成一定的德育认知之后，并不能立即形成坚定的德育信念或确立明确的德育目标。而通过培养道德情感，大学生不仅能够更好地理解和接受道德规范，还能够在实际生活中自觉地践行这些规范，从而实现德育教育的最终目标。

（二）高校图书馆的美育职能

1. 高校图书馆美育的定义

所谓图书馆美育，是指通过充分利用图书馆所收藏的丰富资源对读者进行审美教育。图书馆美育的最终目的是帮助读者树立崇高的审美追求、形成正确的审美观念，并培养健康的审美偏好。通过这样的教育，读者不仅能够更好地理解和欣赏生活中的美好事物，还能够在日常生活中自觉地追求美和创造美。最终，这一过程将促进个体身心的和谐与健康发展，使他们在美的熏陶下成为一个全面发展的人。

2. 高校图书馆美育职能的体现

（1）图书馆具有自然美的心理效应

图书馆具有美的教育环境。美丽的环境能使人心情舒畅、心旷神怡，促使人乐观、奋发。一般高校图书馆造型大方而典雅，具有很大的文化魅力，四周环境优美宜人，类型诸多的艺术盆景、形态各异的树木、澄清明澈的山泉、一路欢歌的小溪，带给读者看不完的山光水色、听不尽的鸟语虫鸣。图书馆还具有良好的通风设施，空气清新、干爽自然；光线充足明亮，环境宁静整洁。总之，图书馆要营造恬静和舒适的自然环境，使读者一来到图书馆就如同来到“美的圣殿”“精神的绿洲”，能够放松身心，提高审美感知力，从而产生强烈的求知欲。

(2) 图书馆具有社会美的心理效应

自然界的风光总是能够令人感到心旷神怡，让人在大自然的怀抱中找到心灵的宁静与自由。高尚的社会行为同样能够带给人们美的享受，让人们在精神上得到升华和满足。图书馆所体现的社会美主要通过馆员的仪态之美、心灵之美、职业道德之美以及知识之美得以展现。此外，图书馆在传播间接信息资源和开发直接信息资源方面发挥着独特而重要的作用，为社会教育和信息传播提供了无可比拟的优势。

(3) 图书馆美育体现出形象性、愉悦性和自由性

高校图书馆美育是一种独特的教育方式，它通过文学、艺术、美术、音乐、书法、摄影等形式来激发学生的情感，提升学生的审美能力和人文素养，从而实现教育目标。此外，高校图书馆美育还可以利用丰富的图书资料、数据信息和网络资源，为读者提供更多的学习机会和资源，这些资源可以帮助读者更好地了解和掌握美学知识。高校图书馆建筑也是一种独特的空间形象艺术，具有深厚的文化底蕴和较大艺术魅力。高校图书馆借助特殊的物质材料和技术，通过精心设计和建造的形态构造，展现出令人赞叹的形象美。无论是宏伟的建筑外观，还是内部精致的装饰细节，都体现出设计者对美的追求。通过图书馆的建筑风格和内部布局，可以窥见一所大学的办学水平和人文精神。一所大学的图书馆建筑往往能够反映出该校对学术研究的重视程度、对知识传承的尊重态度以及对师生研究和学习环境的关怀程度。

美育是一种情感教育，高校图书馆的美育通过寓教于乐的方式，使读者在享受美的过程中获得知识和情感的双重满足，表现出了愉悦性的特点。通过阅读那些充满感染力的美的读物，读者能够在情感上产生共鸣，进而产生审美愉悦。在这种愉悦美的享受中，读者的情感能够得到净化，心灵能够得到升华，从而达到超越生理快感和狭隘精神要求的高层次审美愉悦。这种高层次审美愉悦不同于简单的感官刺激，而是心灵上的洗礼和精神上的满足。通过这种愉悦性的美育，读者能够在轻松愉快的氛围中潜移默化地提升自己的审美能力和情感素养，从而在

精神层面获得更深层次的满足和成长。

人们的情感是自由的，不受任何强制力量的束缚。在高校教育实践中，图书馆的美育功能具有一个显著的特点，那就是它能够极大地促进个体情感和个性的自由发展。读者走进图书馆是出于内心的主观愿望和对知识的渴望，他们能够根据自己的兴趣爱好自由地选择阅读材料，在这里，读者可以不受限制地追求自己的兴趣，发展自己的个性，培养自己的审美情趣。图书馆不仅为读者提供了丰富的知识资源，还为读者的情感和个性发展提供了广阔的空间。通过这种自由而富有个性化的美育方式，读者能够在知识的海洋中自由地遨游，充分发掘自己的潜力，最终成为全面发展的人才。

第二节　对信息、资源与信息资源的认识

一、对信息的认识

（一）信息的概念界定

自古以来，信息便在人类的生产、工作、学习与生活中扮演着重要角色，可以说，人类的进化历程也是其信息活动的发展史，每一个阶段的进步都离不开信息的传递与处理。信息的演进历经五个主要阶段，每一个阶段都为人类社会带来了翻天覆地的变化。随着信息技术的快速发展和互联网技术的广泛应用，信息已渗透至人类生产生活的各个层面。互联网上传播的各类数据、图像、音频等均属于信息范畴，它们构成了一个包罗万象的集合体，这个集合体中包含各种形式的信息，这些信息通过互联网迅速传播，突破地域和文化的界限，使得全球各地的人们都能够实时交流和分享各种信息。

当今社会，信息概念无论是内涵还是外延与以往相比都有很大不同。在互联网信息技术不断发展的背景下，信息在不同学科中的定义也呈现出差异化的发展倾向。目前，信息的概念已经成为哲学、经济学、新闻学、心理学、图书情报学和信息资源管理学等共同关注的话题。

作为标记物质动态变化有序程度的信息，是事物普遍存在的本质属性，这是哲学对信息的定义。

作为事物特征的反映形式，信息既是决策与管理行为的重要依据，也是客观

世界中仅次于物质与能量的第三要素，这是经济学对信息的定义。

作为新闻本质规定的信息，是对新闻事实本质的修订。事实中蕴含的信息要素而非事实本身，是构成新闻的重要条件与基本属性。当信息具备新闻价值时，信息就可以成为新闻，这是新闻学对信息的定义。

信息既可以消除认识不确定性，又可以增进人们对有关事物的了解。无处不在的信息并不是人们臆想出来的知识，却可以提高人们的知识水平，降低信息缺乏导致的不确定性，这是心理学对信息的定义。

作为读者阅读行为的认识对象，信息为读者与文本之间的内容交互提供桥梁。由于信息不能脱离读者或外物独立存在，在对其进行记录、处理与认知时，必须考虑读者对阅读文本的认知构建情况，这是图书情报学对信息的定义。

作为数据处理后的输出产物，信息是经过先期采集与记录，可供检索的事实存储形式，这是信息资源管理学对信息的定义。

（二）信息的基本特征表现

1. 客观性和普遍性

在我们的物质世界中，运动是绝对的，物质运动的客观存在构成了信息产生的根本动力。信息具有客观性和普遍性，与物质运动之间存在着一种相生相伴的关系，正是客观物质的存在以及普遍运动的持续进行决定了信息的客观性和普遍性。信息的产生和传递离不开物质运动的推动，而物质运动的持续进行又不断地产生新的信息。因此，信息的客观性和普遍性是与物质运动密不可分的。

2. 时效性

信息从其源头发出，经过一系列的传递和处理过程，最终抵达接收端并被应用，这一整个过程所需的时间长短充分体现了信息的时效性。我们接收到的信息实际上反映的是事物在过去某一时刻的运动状态和存在形式。随着时间的推移，事物的状态和环境条件都在不断变化，因此，信息的实用性也会随之逐步降低。这种随着环境变化而逐渐失去实用性的特征，正是信息时效性的显著标志。

3. 存储性和传递性

信息的存储与传递依托于特定的载体，信息的传递性意味着它能够借助这些特定的载体，从一个时空点传递至另一个时空点，从而在一定条件下超越时间和空间的限制。这种跨越时空的传播能力使得信息能够在全球范围内迅速流动，促进了知识的积累和文化的交流，极大地推动了人类社会的进步和发展。在人类历史中，信息传递的方式经历了翻天覆地的变化。古代的人们为了应对外族的入侵常常用烽火传递警报。进入现代社会，信息传递的方式变得更加多样和高效，互联网的出现更是彻底改变了信息传递的方式。在古代，人们利用龟甲、兽骨、各种器皿、玉石、绢帛、竹简、木片等作为信息的传播载体，进入现代社会，信息的载体变得更加多样化，如移动硬盘、磁带、光盘、胶片等，这些现代信息载体大大提高了信息存储和传递的效率。

4. 真伪性和可加工性

信息的真伪性是指信息对客观事物存在的方式、特征及其动态的详细描述既可能与现实情况相一致，也可能与现实情况存在差异，甚至完全相反。因此，在信息的搜集和获取过程中，我们必须坚守真实性与准确性的原则，选择可靠的信息源，运用科学的方法对信息进行筛选、比对和验证，以确保信息真实、无误。

信息的可加工性体现在利用计算机编码技术可以将信息转换为各种设备便于处理和存储的二进制代码，以及对无序且难以利用的信息进行提炼和加工，能够使之转化为具有意义和价值、可供利用的数据和知识。

5. 共享性和开发性

在物质交换过程中，当某个个体占据了某项资源时，他人对这项资源就不再具有使用权，这种排他性是物质资源的一个重要特征。然而，当一个人使用某一信息资源时，这种使用并不会妨碍其他人对该信息的使用，信息可以被无限复制和传播，而不会失去其原有的价值，因此信息资源具有共享性。信息的这种共享特性使得信息产品在被个体使用时不会像物质资源那样导致使用价值降低，广泛的传播和共享使得信息资源在许多方面都具有显著的优势。例如，知识和信息的传播可以极大地提高人们的认知水平，促进人类对世界的理解和改造。通过信息的广泛传播和利用，人们可以对人力、财力和物力进行更有效的利用。

信息资源的传递和存储对于其后续的开发与使用具有至关重要的作用，通过对信息资源的有效传递和存储，我们可以确保这些资源在需要时能够被迅速、准确地获取和利用，这有助于提高信息资源的利用效率，为信息资源的进一步开发奠定坚实的基础。人们通过对信息资源的共享、利用和开发，能够促进科学技术的快速发展和人类社会的全面进步。

（三）信息新的特点表现

在大数据、云计算、“互联网 +”时代，信息除具有基本的特征外，还呈现出新的特点。

1. 信息的海量化

在现代科学技术迅猛发展的冲击下，各种各样的信息传播载体与平台如报纸、杂志、电视、广播、互联网、平板电脑、手持阅读器等媒介、工具和平台的大量涌现，信息数量骤增，呈海量化发展趋势。

2. 信息的“微内容”化

“微内容”是互联网发展背景下出现的一个新兴概念，它指代网络环境中独立存在、不可再分的最小内容单元。此类微内容不仅具有强大的发展潜力，还蕴含着丰富的应用价值。这些微内容集合了广泛的数据与元数据，每个微内容都被赋予了独特的标识符和定位信息，确保了它们能够准确无误地被识别与引用。

3. 信息的双向交流性

随着计算机技术的广泛应用，传统的信息推送模式正在逐渐发生转变，由于信息具有双向交流性，当前网页与用户之间能够进行双向交流，用户不仅可以接收信息，还可以随时进行信息反馈，与此同时，信息源也具备了随时更新信息的能力，确保用户能够获取最新的内容。

4. 信息以用户为中心

信息技术的普及与应用，使得社会性网络服务（SNS）、博客（Blog）、简易信息聚合（RSS）以及维基百科（Wikipedia）等，已经成为网络时代创新技术的典型代表。这些以人为本、与时俱进、面向未来的网络技术创新模式，是以专业人士为引领，以用户参与为宗旨的创造性进程，在这个过程中，用户是中心。

5. 信息的大众化和分散化

在大数据、云计算、“互联网 +”时代，受众既是网络信息的提供者与接收者也是网络信息的使用者和传递者。信息具有的大众化和分散化特点主要表现为信息可以借助网络向全球民众延伸与扩散。

6. 信息的语义化

互联网标签（Tag）式的语义标注，使用户访问大量的相关信息和聚合相关网页非常便利。

7. 信息的碎片化

与信息爆炸相伴而生的信息的碎片化，使人们能够通过网络媒体了解到数量更加庞大、内容更加琐碎的信息，在多元化分类模式下，完整的信息可以被划分为各式各样的信息片段。

（四）信息的生命周期

物质资源的生命周期，通常表现为商品的设计、加工、售卖与淘汰。与物质资源类似，信息的采集、存储加工与使用维护构成了信息的生命周期。根据信息在生命周期各个层次中的作用，可以将信息的生命周期划分为信息的采集、信息的组织、信息的存储、信息的传递、信息的加工、信息的利用、信息的维护，以及信息的归宿。

1. 信息的采集

为了满足特定的要求和目标，需要借助相关举措，将分散在各个时空中的信息进行汇聚与采集。信息采集是信息生命周期的第一个阶段。信息采集需要遵循五个原则：一是可靠性原则；二是完整性原则；三是实时性原则；四是准确性原则；五是易用性原则。信息采集的主要途径有查找现有数据、进行调查研究或实验观察。

2. 信息的组织

将采集的信息按照合适的方式进行组织，使无序的信息在科学法则的指导下转化为有序信息，这就是信息的组织过程。对采集的信息进行组织有助于用户对信息进行取用。

3. 信息的存储

根据特定的信息需求，对有用信息进行保存，既有助于明确存储信息的类别，也方便确定存储信息的设备、时间、介质与方式等。

4. 信息的传递

信息在空间的移动就是信息的传递。信息传递必须迅速准确、安全可靠，然而，受信息分布时空、规模、存储设备和传递技术的影响，信息传递还有较大的提升与改进空间。

5. 信息的加工

信息加工首先需要对大量的原始信息进行初步的审查和筛选，以剔除那些不重要或不真实的内容，然后对信息进行更细致的分类和排序，便于进一步的分析和处理。在这一过程中，需要运用各种方法和技术确保信息的准确性和可靠性，通过对信息的深入分析，可以提炼出更有价值的内容，从而为用户提供更加精准和有用的信息。通过对信息的全面加工，我们可以提高信息的利用率，从而为各种决策和研究提供有力的支持。

6. 信息的利用

信息的采集、组织、存储、传递与加工环节，都是为了利用信息。信息的利用主要包括信息的技术利用和信息的价值转换，其中，前者主要解决信息供给的速度问题与质量问题，后者主要关注信息为用户带来的各种好处，以及为组织拓展的利润空间，是信息利用的主要方面。

7. 信息的维护

为了保证信息的利用状态有效，用户获取的信息真实可靠、及时准确，并且具有较高的安全保密度，必须定期对信息进行维护。

8. 信息的归宿

信息生命周期是指信息从采集到存档或注销的整个过程，这一过程充分展示了信息的运动规律。信息生命周期呈现出动态且持续发展的特性，各个阶段能够按照时间序列依次展开，也可以根据实际需求和情况以不同的顺序并行、反复或部分地展现。深入理解信息生命周期有助于人们更好地应对信息资源管理过程中可能遇到的各种挑战和问题，通过掌握信息生命周期的各个阶段及其特点，人们可以更好地制订和实施信息资源管理策略，以确保信息资源的有效利用和长期保存。信息的归宿有两种，一种是对那些具有保存价值的信息进行存档，另一种则是对那些没有保存价值的信息进行注销处理。

二、对资源的认识

（一）资源的概念界定

在人类历史的早期阶段，人们对资源的理解和认识主要集中在自然资源和物质资源上。例如，《大英百科全书》对资源的定义是人类可以利用的自然物质及其生成环境，强调了自然资源的重要性。《现代汉语词典》则从另一个角度解释资源，将其定义为生产资源或生活资料的来源，包括自然资源和社会资源，突出了资源在物质生产中的作用。根据资源属性的不同，资源可以进一步被划分为自然要素资源和社会要素资源，这一分类依据来自《辞海》。

资源具有自然属性和社会属性。自然资源指的是在自然界中广泛存在且能被人类普遍利用的各种自然要素，作为人类生活与存在不可或缺的物质基础，自然资源是人类进行生产劳动与生活实践所必需的物质和能量来源，它们是生产活动得以顺利进行的关键条件，也是确保生产行为顺利进行的重要保障。自然资源的存在和利用，不仅支撑着人类的生存和发展，还推动了社会的进步和繁荣。地球上存在着各种各样的自然资源，这些资源可以分为两大类：自然资源和社会资源。自然资源主要包括水资源、气候资源、矿产资源、海洋资源、土地资源、生物资源和旅游资源等。社会资源则指的是能够创造社会财富的条件与因素，如信息资源、人力资源与劳动资源等。通过合理开发和科学管理，人类可以最大限度地利用自然资源，实现可持续发展，创造更加美好的生活环境。

（二）信息成为资源的基础条件

要使信息转化为有价值的信息资源，必须满足一些特殊的条件。信息资源是经过加工处理的信息，这些信息数量十分庞大且具有实际的应用价值。信息资源以信息为核心，它不仅包括人类社会中各种信息活动的基本构成要素，还包括人类通过一系列组织、开发和管理手段所形成的信息集合。

三、对信息资源的认识

（一）信息资源的概念界定

1．广义的信息资源

在广义层面上，信息资源包括人类在社会活动中逐渐积累的各种要素集合，包括信息集合、信息生产者集合以及信息技术集合等。具体而言，信息集合指的是经过排序和系统整理分类的文字、数据、图像等各种形式的信息；信息生产者集合指的是个人、企业或政府机构为了实现特定目的而收集、分析和创造的有用信息；信息技术集合则涉及对有用信息进行加工处理和传递的技术手段，它们使得信息的存储、处理和传输变得更加高效和便捷。

系统论的观点强调，一个整体所发挥的效能往往远远超出其各个组成部分单独作用时所能达到的效能的总和。因此，要想深入理解信息资源的内涵，我们必须从其广义的维度出发，全面考虑其多方面的特性。广义的信息资源包括信息、信息生产者和信息技术三个要素，这三个要素各自独立时，功能和效用是有限的，只有将它们依据特定的原则和方法进行合理组合，才能真正发挥信息资源的价值和潜力。在实际应用中，信息资源的价值体现与其三大要素的配置方式和效率密切相关，只有当这三个要素在系统中相互协调、相互促进，才能形成一个高效运作的整体，从而最大化地发挥信息资源的潜力，满足不同领域和层次的需求。

2．狭义的信息资源

有用信息的有序加工与组织选取就是狭义的信息资源。

在当今社会，信息资源、物质材料和能源资源被称为全球三大资源，充分体现了信息资源在现代社会中的重要性。信息资源的价值源于信息的有用性，有价值的信息能够降低人们在进行社会科学研究和经济活动时所面临的不确定性风险，帮助人们更好地理解复杂的社会现象和经济环境，从而引导他们做出更加明智和正确的决策。从信息生产的本质来看，信息生产者和信息技术并不直接决定信息资源本身的价值和效用，与信息生产的本质无直接关系。

（二）信息资源的基本属性

1. 从信息的角度来看

从信息的角度来看，信息资源主要具备以下三种基本属性。

（1）知识性

人类的智力劳动是信息资源产生的根本源泉，这一过程涉及人类的思维、创新和智慧的积累。正是通过不断地思考、探索和实践，人类才能创造出丰富的信息资源。而人类的智力水平则直接体现了信息资源的质量，因为只有具备高水平智力的人才能创造出高质量的信息资源。蕴含人类智慧的信息资源是人类认识和改造社会的有力工具，这些信息资源能够帮助人们更好地理解世界、解决问题，并推动社会进步。因此，信息资源在一定程度上反映了一个国家和地区居民的知识水平。一个国家或地区的居民如果拥有丰富的信息资源，那么他们的知识水平通常也会比较高。

（2）穷尽性

随着科技的进步和社会的发展，人们对信息的需求不断增长，信息资源的重要性也日益凸显。信息是无穷无尽的，但只有那些对人类具有实际用途和价值的信息才能被称为信息资源，信息资源在数量上是有限的，但人类对信息资源的需求却是无穷无尽的。

（3）有序性

信息本身是杂乱无章的，但经过人类的加工、整理与总结出来的信息资源是有序的，因此有序性也是信息资源的一个基本属性。

2. 从资源的角度来看

从资源的角度来看，信息资源主要具备以下四种基本属性。

（1）可再生性

通常情况下，信息资源的存储、传递与利用等依附于物质载体。但是，即使缺乏可供依附的物质载体，信息资源本身也不会自然消亡或者失去价值。当合适的物质载体出现时，信息资源就会再次具备可反复传递与利用的特性。

（2）共享性

在理性的状态下，信息资源的反复利用不仅不会减损信息的内在价值，还有助于信息的升华与扩充。因此，信息资源具有多次分配与交换的特性。

（3）人为性

与自然资源的自发产生不同，信息资源必须借助人类对信息集合的组织、收集、开发、建设与利用才能产生，因而信息资源具有需要人类参与的人为性。

（4）扩散性

借助特定渠道在时空中传播的信息资源，具有为人们的信息利用提供便利的扩散性。信息资源的这种属性与信息传递技术的发展速度有关。先进的信息传递技术有利于加快信息资源的传播速度，提升人们的信息资源利用率。

第三节　信息资源的类型、功能与发展

一、信息资源的类型

信息资源的划分标准是多种多样的，标准不一样得出的信息资源的类型也不相同。为便于理解，本节将信息资源分为以下四种类型。

（一）体载信息资源

体载信息资源指的是以人体为载体的信息资源，包括口头语言信息资源和体态信息资源两类，无论是口头语言信息资源还是体态信息资源，它们都能直接被他人识别。口头语言信息资源主要包括人们在日常交流中所使用的口头语言，这些口头语言信息资源通过声音的传递在人与人之间进行传播。体态信息资源通过视觉传递，指的是通过身体动作所表达的信息资源，如手势、面部表情以及舞蹈动作等。

（二）实物信息资源

实体信息资源是指那些通过具体的物质形态传递特定意义和信息的资源，可以分为人工实物信息资源以及天然实物信息资源两大类。人工实物信息资源主要指的是人类通过智慧和劳动创造的各种产品，如书籍、艺术品等，这些信息资源

经过人类的加工和创作，具有特定的文化、历史和艺术价值。天然实物信息资源即天然实体信息资源，包括自然界中以原始形态存在的信息资源，如地质剖面、海岸线、山脉、河流等，这些资源以它们自然形成的状态呈现，没有经过人为的加工和改造。

（三）文献信息资源

通过资料文献表达出相应信息的叫文献信息资源。根据记录资料和文献的方式不同可以将其分为四种类型：刻写型、印刷型、微缩型以及视听型。

1. 刻写型

这种类型的资料文献是通过人工刻画方式以及书写方式记录下来的，一般以纸张和相关材料作为表达信息的载体，如我国古代的甲骨文、帛书等，现代的书稿、会议记录等。

2. 印刷型

这种类型的资料文献通常是通过油印、铅印、胶印以及复印等多种方式，将信息印刷在纸张上而形成的。在学术研究、教育学习以及日常阅读中，印刷型资料文献扮演着不可或缺的角色，印刷型资料文献具有稳定性和可靠性，为人们提供了丰富的知识资源。然而，印刷型资料文献也存在一些缺陷。首先，印刷型资料文献在储存方面需要较大的空间，印刷出来的图书和期刊需要占用大量的书架和库房。其次，由于纸张和油墨的物理特性，印刷型资料文献的保存期限相对较短，容易受到环境因素如湿度、温度和光照的影响，导致纸张老化和油墨褪色。再次，印刷型资料文献的信息密度较低，无法像电子文档那样存储大量的信息。最后，在信息传播和自动化方面，印刷型资料文献也存在诸多不便。传统的印刷型资料文献需要通过人工搬运和分发，效率较低，无法实现快速传播。在自动化方面，印刷型资料文献无法像电子文档那样通过计算机进行检索和处理，需要人工翻阅和查找，大大降低了信息处理的效率。根据编辑出版形式的不同，印刷型资料文献可分为图书、特种文献、连续出版物以及其他文献四个类别。

3. 缩微型

缩微型资料文献是一种利用现代科技手段制作的新型文献形式，是利用先进的摄像技术将传统的印刷品和手写文献记录在感光材料上形成的一种资料文献。这种资料的形态多样，可以根据其形态差异分为缩微胶卷、缩微胶片以及缩微卡片等多种类型。缩微型资料文献的最大优势在于其存储和携带方便，制作成本相对较低，且能够迅速进行复制，因此在信息传播和保存方面具有显著优势。然而，缩微型资料文献也有其局限性。阅读这些资料通常需要借助特定的阅读设备，这使得它们在使用便利性方面不如传统的印刷品。此外，生产缩微型资料文献需要较高的技术水平，要求相关人员具备专业的技能，并且前期的投资相对较大。此外，缩微型资料文献的保存条件较为特殊。

4. 视听型

视听型资料文献也叫声像文献，就是人们平时见到的视听资料。它的原理是以电磁波为资料信息符号，通过一定的科技设备，把文字、声音以及图像等记录在电磁材料上，从而形成动态资料文献。视听型资料文献包括视觉资料文献、听觉资料文献和音像资料文献三种类型。一般视觉资料文献有摄影的底片胶卷、传真图片、幻灯片以及没有声音的影片等；听觉资料文献主要有录音带和唱片等能够记录声音的资料；既能记录声音，同时又能显示图像的资料为音像资料文献，包括平时人们见到的电影、电视以及录像等。视听资料具有明显的优点，它能够展示出动静相宜、画面逼真、具有一定影响力的图像，信息储存的密度较高，有利于人们理解和记忆信息，但是需要通过相关科技器材才能实现读取。

（四）数字化信息资源

在当今社会，信息保存领域广泛应用现代数字技术，从而催生了数字化信息资源。数字化信息资源主要分为网络信息资源和单机信息资源两大类。数字化信息资源的广泛应用不仅提高了信息的存储和传播效率，还极大地增强了信息的可获取性和共享性。人们可以通过搜索引擎快速找到所需的信息，通过在线教育平台获取知识，通过社交媒体分享和交流信息。此外，数字化信息资源还为科学研究和数据分析提供了强有力的支持，利用计算机进行数据分析和处理不仅提高了科研工作的效率，还为跨学科研究和国际合作提供了便利。

1. 网络信息资源

网络信息资源是指通过现代通信网络所获取的全部信息。实际上，现代网络通信资源构成了一个连接不同地域的信息空间，这个空间不仅仅是一个简单的数据传输通道，更是一个能够存储各类信息的资源库，在这个信息空间中，信息的流动和交换变得异常迅速和便捷，使得人们可以随时随地获取所需的信息。

网络信息资源有着不同的划分标准，具体包括以下几类。

第一，按网络信息资源的载体和通信通道划分。

①局域网络信息资源。20 世纪 80 年代，在高科技迅猛发展的大背景下，人们为了更好地管理和利用信息，创造了局域网络信息资源，也就是光盘局域网信

息资源，其本质上是一种基于光盘存储技术的数据库。局域网络信息资源的最大优势在于其信息存储和检索过程的便捷性，其具有信息密度高、信息量庞大的特点，这使得它在众多信息资源中脱颖而出，受到了人们的广泛欢迎。从 1999 年开始，我国积极着手建设大型的信息存储设施，旨在为全国范围内的用户提供更加高效、便捷的信息服务。通过在全国各地设立光盘基点，为用户提供快速的信息检索和访问服务，这一举措显著提升了信息检索的效率，为广大用户带来了极大的便利，使得他们能够更加轻松地获取所需的信息资源。

②联机检索网络信息资源。联机检索网络信息资源是一种信息数据库，主要组成部分包括联机网络、主机和检索信息终端。联机检索网络信息资源数据检索准确，能够为用户提供精确的信息结果，同时，它还拥有庞大的信息量，内容广泛覆盖各个领域，能够满足不同用户的需求。联机检索网络信息资源还具备规范的信息安全管理措施，通过严格的信息安全管理制度和技术手段，确保用户信息的安全和隐私。然而，联机检索网络信息资源的专业性较强，用户需要在专业人员的指导下进行使用，此外，使用联机检索网络信息需要支付相应的费用。

③互联网信息资源。互联网使得信息的产生、收集和传播打破了传统框架，人们可以通过互联网迅速获取各种新闻、学术研究、娱乐内容以及其他各类信息，极大地丰富了人们的生活和工作。同时，互联网的普及也极大地缩短了信息传播的时间。互联网信息资源因其广泛的使用性、迅速的传播速度、巨大的发展潜力以及操作界面的便捷性获得了人们的欢迎。尽管互联网为信息的传播提供了便利，但也带来了信息质量难以控制的问题。由于缺乏完善的网络与信息安全以及版权保护机制，互联网所展示的信息质量参差不齐，存在信息侵权等问题。

第二，按互联网上信息传输需要遵守的协议划分。

① WWW 信息资源。WWW 信息资源全称为 World Wide Web 信息资源，又称 Web 信息资源。它以客户端和服务器相协作的模式工作，在网络信息浏览器和服务器之间以超文本传输协议（HTTP）的方式传递信号，并以超文本标记语言（HTML）作为相互联系语言。它具有比较强大的功能，使用方便简单，浏览器界面也很友好，可以实现文字、音像和多媒体等网络信息的快速浏览与传递。目前 WWW 网络信息资源是人们最喜爱的信息资源形式之一。

②远程登录协议（Telnet）信息资源。Telnet 信息资源是客户端计算机通过因特网在 Telnet 的作用下和远程终端计算机连接，在许可范围内检索信息，使用

相关软件和硬件信息。利用 Telnet 可以访问远程计算机的软件和硬件信息资源，软件信息资源包括数据库、处理图形程序以及检索信息目录等。硬件信息资源包括超级计算机、绘制图的精密仪器以及多媒体信息输入输出的相关设备。

③文件传输协议（FTP）信息资源。FTP 信息资源是指根据网络间传递文件的相关协议，并以文件的形式在各联网的计算机间传递的资料信息。这个协议保证了文件在传递过程中的完整性，它可以将远程计算机上的文件信息下载、复制和使用，也可以在联网的计算机之间进行信息传递，实现信息共享。以 FTP 的形式能够获得包含各种应用软件、电子资料与数据在内的广泛信息资源。对于互联网来说，FTP 传递的信息资源非常重要。目前，它是互联网传输各种文件的重要工具。

④用户组信息资源。用户组信息资源指的是在用户组之间传递的信息资源。用户服务组有很多种类，包括时事新闻组、专门论题组、邮件信息组和各种兴趣组等。这些服务组的根本任务就是相互传递信息，实现信息共享，它的特点是信息范围广，相互之间能够互通有无，可以直接沟通交流。在互联网上表现为信息开放、自由、丰富多彩等特点。

⑤点对点网络（P2P）信息资源。P2P 信息资源是指通过对等传输的资源信息。P2P 结构实现了网络直接互动，就是能够在联网的计算机之间直接进行文件传输与共享，不必通过服务器下载后再进行交互，使信息传播更直接、便利，消除了中间传递环节。P2P 在下载信息的同时要将本机作为主机继续传递信息，人数越多，传递信息的速度就越快，但是这种方式会伤害硬盘，占用内存较大，降低了计算机速度。目前电骡（eMule）是比较流行的 P2P 软件。

第三，按网络信息的信息加工层次划分。

①网络资源指南与搜索引擎。网络资源指南与搜索引擎是一种在互联网上进行信息查找的工具。资源指南是按照相应主题级别列出对应的目录指引，用户根据目录引导找到明确的类别直至发现需要的信息。需要说明的是，这种资源指南需要花费大量人力和物力，依靠人工方式编制而成。

②联机馆藏目录。互联网上有很多机构将藏书目录以及各种杂志期刊目录发布出来，如图书馆发布的用于馆藏书目的联机公共目录检索系统（OPAC）等。具体来说，有中国高等教育文献保障体系（CALIS）发布的部分高等学校的书籍、期刊、论文等的目录。用户根据统一资源定位系统（URL）就能找到所需的信息资源，可以不分时间和地点进行查询。

③网络数据库。网络数据库是指借助互联网与 Web 平台进行信息检索的数

据库。它集 Web 技术和数据库技术于一身，具有强大的数据存储能力。这些数据信息是以人工的方式进行收集、加工整理而成，有着较高的科研和学术价值。国际上有很多著名的机构都是利用互联网提供的检索系统查找所需信息的，这种服务一般采取收费的方式。目前有很多机构开设了信息服务，如 EBSCO 公司就推出了商业信息资源数据库、万方数据资源系统、CNKI 等，都是由专门的信息机构或公司来制作维护。

④电子出版物。把文字、声音、音像以及视频等信息通过数字代码的方式存储在光盘、磁盘等材料上，将其放在互联网上进行传播，最终通过手机或电脑等电子终端进行阅读的出版物就是电子出版物，如电子期刊、报纸和各类图书等。目前电子出版物有些是纸本的电子版本，有些完全实现了数字化出版。

⑤参考工具书。目前很多工具类书籍可以在互联网上免费查阅，如我国的汉语词典以及一些世界知名的书籍等。

⑥网上动态信息。如今互联网已经变得越来越开放，很多信息具有交互性和动态性，如不断更新的全球各地新闻事件、各种政策信息、最新科研成果以及各类会议消息等。

⑦其他网络信息。互联网上还存在着各类电子类游戏、各种应用软件以及教学培训等。

2. 单机信息资源

单机信息资源是指所有以数字化形式存储在本地计算机设备中的资料信息，这些资源的存储和检索过程通常依赖于计算机设备，而不会通过互联网进行广泛传播，因此，这类信息资料也被称为机读信息资料。单机信息资源与互联网信息资源的主要区别在于存储空间的范围不同，前者仅限于本地存储，后者则具有高度的开放性和可访问性。随着信息技术的快速发展，计算机设备的信息存储量得到了显著提升，存储技术也在不断进步，这使得本地存储设备能够容纳更多的数据，同时也提高了数据检索的效率。通常情况下，本地的文件信息、数据系统以及光盘等存储介质中的内容都属于单机信息资源。

二、信息资源的功能表现

如今，信息资源在社会发展过程中起着重要作用，主要表现如下。

（一）信息资源的经济功能

信息作为一种重要的资源，对于推动社会进步和促进生产力发展具有不可忽视的经济价值。信息产生经济效益的途径多种多样，具体包括以下几个方面。首先，信息可以将其所蕴含的价值转化为财富资源，在当今社会，信息本身就是一种重要的商品，如各类数据、咨询、研究报告等，通过将信息商品化，可以为社会创造更多的经济价值。其次，运用科技含量高的信息技术可以缩短信息周转时间，从而创造财富，信息技术的进步使得信息的获取、处理和传递速度大大加快，这不仅提高了工作效率，还为经济效益的提升提供了更多的机会。再次，通过对信息地深入分析和挖掘，可以发现新的市场机会、投资方向和商业模式，从而为社会创造更多的财富。最后，在经济活动中，信息决策的准确性直接影响到企业的经营效果和经济效益。通过科学的信息分析和决策，可以有效避免不必要的损失，从而增加财富。

（二）信息资源的管理与协调功能

在社会经济的发展过程中，信息始终扮演着至关重要的角色，信息的存在不仅促进了社会的持续进步，还为企业的发展提供了强大的动力。对于企业而言，信息的协调与管理是一个复杂而重要的过程，涉及对人力资源、财务资源、管理策略以及设备设施的合理配置和优化。信息资源不仅能够明确企业追求的目标，还能规范各项资源的使用，确保资源的高效利用。通过对信息资源的有效管理，企业能够更好地制订战略规划、优化生产流程、提高工作效率。信息资源还能够调节能源流和物质流的发展方向、速度和规模，使企业在资源利用上更加科学合理，减少浪费，提高经济效益。

（三）信息资源的选择与决策功能

企业在进行选择与决策的过程中，科学合理地运用信息是至关重要的。信息能够揭示事物变化的进程与程度，并揭示其演变的规律。通过科学合理地运用信息，并结合过往经验，可以对事物的发展趋势进行预测，进而做出恰当的选择，信息的全面性和准确性直接影响决策的质量和效果。因此，在面对各种选择时，必须重视信息的收集和分析工作，通过广泛地收集信息、深入地分析信息，确保决策的科学性和有效性。同时，及时更新信息也至关重要，因为事物的变化是动态的，只有不断获取最新的信息，才能更好地应对未来的不确定性。

（四）信息资源的研究与开发功能

在当今时代，信息的获取、处理和利用在科学研究与技术发明过程中扮演着至关重要的角色，信息不仅是将知识转化为生产力的关键因素，更是推动知识更新换代的重要驱动力。在科学技术不断推动社会发展的过程中，信息的及时获取可以帮助人们明确未来的发展方向，拓宽人们的视野，使人们能够更好地跟随时代的发展做出变革。同时，信息的有效利用还能够突破传统思维的局限，激发创新思维，催生新的知识、产品和技术。

三、信息资源的未来发展态势

（一）数量剧增、形式多样、文种复杂

近几十年来信息资源产生和积累的数量与速度是非常惊人的。信息资源在不断增加的同时，其形式也呈现出多样化发展趋势。文献资料信息有各类图书、报纸、杂志、会议记录、论文、产品说明以及各种专利和会议文献等。数字化信息资源有各类电子刊物、工具书籍、网络馆藏书籍目录以及电子邮件和公告等。

（二）交叉分散、老化加快

当前，许多学科的研究正在逐步深入，不同学科之间的交叉融合日益频繁，学科间的相互作用和融合导致了学科综合化现象的出现，进而催生了众多交叉学科和边缘学科，如神经化学、食品化学和环境化学等。这些新兴学科的研究专注于特定的学科交叉点，研究范围有所缩小，但科学一体化的趋势要求研究者必须掌握更多领域的知识，以应对日益复杂的学科交叉现象，研究者需要具备跨学科的思维能力和知识储备，才能在这些新兴学科领域中取得突破性的进展。信息资源的老化现象是指在信息不断更新和迭代的过程中，信息逐渐失去了原有的价值和重要性。随着科技的快速发展，新的理论、技术和方法层出不穷，信息的淘汰速度也随之加快。

（三）商品化、产业化发展迅速

市场经济的优势在于能够对各种资源进行有效配置，以达到驱动经济发展的最佳效果。因此，作为生产要素的信息资源在推动市场经济发展过程中能够对微观经济活动的主体发挥重要推动作用，同时对宏观调控政策的制定提供有力支撑。所以将信息资源作为一种商品进行有效配置，实现其商品化功能，能够很好地带动经济发展，这是经济发展规律的客观要求。信息资源商品化有利于信息资源市场的形成与发展，也有利于促进信息产业的发展。信息资源产业已成为社会

经济增长最快的产业之一，因此各国纷纷采取措施，大力促进信息资源产业的发展。

我国社会主义市场经济的快速发展就得益于重视信息资源的经济价值。信息资源在市场经济发展中越来越活跃，受到了越来越多的人员和机构的重视，整个行业实现了快速发展。各级政府部门高度重视信息经济在推动社会发展方面的作用，将信息产业发展作为促进经济增长和优化经济结构的重要驱动力。

（四）数字化、网络化趋势增强

不断发展的科学技术使计算机性能得到了进一步提升，运算速度得以几何级增长，从而增强了信息资源朝着数字化方向发展的动力。储存信息资源的先进技术不断涌现，因此，硬件技术的快速进步也为信息数字化发展提供了强有力的支持。

信息资源的数字化发展离不开互联网的支持，推动数字化发展可以将这些资源信息网络化，实现共享，促进经济全面发展。信息资源的网络化数字化提高了这些信息的时效性，方便了信息复制与共享，为用户检索提供了便利。现如今，利用互联网查找所需信息已经成为一种潮流。

（五）服务特点、服务策略呈新态势，形成新型服务平台

信息资源服务特点要符合“七个合适”。网络环境下，既要全方位为用户着想，考虑用户需求，使其得到所需服务，同时也要求信息提供者能够随时随地提供信息，以满足用户需要。针对这一点提出了“七个合适”的要求，即合适的信息提供者通过合适的形式、合适的信息成本，在合适的时间及合适的位置，把合适的信息传递给合适的信息接收者，这“七个合适”已成为信息资源服务共同追求的目标。

信息资源服务策略体现“优、特、精、快”的特点。信息产业的不断发展进一步加大了市场竞争。信息提供者要想在竞争中占据主导地位，就要想办法做到各方面领先一步。目前，能够提供优质服务的新型网络信息平台已经初步形成。计算机水平的提高带动了信息数字化水平的进一步提升，也使网络信息资源、信息传输速度以及处理技术得以空前发展。具体来看，优质的信息服务平台具有明显的特点：出现了分层布置的信息资源服务体系，能够实现相互之间的连接、通信和操作。互联网信息综合平台、指引导向平台以及个性化平台相互合作共同进步，进一步加快了网络信息资源数字化发展速度。

第四节　信息资源建设的概念及其嬗变

一、信息资源建设的概念

在理解信息资源建设的概念方面，主要有以下两种看法。

（一）情报学界的看法

20 世纪 80 年代中期，我国引入了大量国外关于信息资源管理的文献资料和理论，国内开始逐步认识到信息资源建设的重要性，并开始了我国信息资源的开发与建设。在图书馆学界正式采纳信息资源建设这一概念之前，情报学界已经对这一议题进行了深入的探讨和研究，随着与国际网络的接轨，国内情报学界也开始将信息资源建设作为其下属机构理论研究的重要内容之一，进一步推动了这一领域的发展和进步。

在情报学界，信息资源建设这一概念特指网络信息数据库的建设，这与西方图书馆学界所熟知的馆藏建设概念有所不同。情报学界认为网络信息数据库的建设是信息资源建设的核心，因为数据库能够提供快速、高效的信息检索和获取服务，满足用户对信息的需求。

（二）图书馆学界的看法

在图书馆学领域，信息资源通常指经过人工筛选、整理、加工并存储的各类媒介信息的集合，既包括实体的文献资料，如书籍、期刊、报纸等纸质出版物，也包括虚拟的数字信息资源，如电子书、在线数据库、网络资源等。这些信息资源不仅能够满足人类在知识获取、学习研究和信息检索等方面的需求，还能够为人们提供丰富的知识资源和信息支持。学者对信息资源建设的定义各有侧重，其中以下两种定义颇具代表性。

第一种定义，图书馆根据自身的性质、任务与读者定位，对各类信息资源进行系统的组织、采选、收集与规划，并据此构建功能完善的信息资源体系的过程，就是信息资源建设活动。

第二种定义，面对混乱无序的多元媒介信息，人类对其进行采选、开发与组织，使其成为有用信息的活动过程，就是信息资源建设。

以上述两种信息资源建设定义为基础，本书通过研究高校图书馆的信息资源建设情况，对图书馆信息资源建设概念进行了积极有益的探索。为了满足多样化的读者需求，图书馆有必要根据自身的性质与所肩负的任务，有计划地系统采选、组织、规划并开发杂乱无章的媒介信息，并使之有用化的过程，就是图书馆的信息资源建设。

二、信息资源建设概念的嬗变

图书馆资源建设理论的发展历程是一个逐步深化和扩展的过程。在这个演进过程中，图书馆资源建设理论概念的发展始终与图书馆资源建设实践相适应，图书馆工作实践的需求不断演进，推动着理论概念的持续演变。从最初的简单收集和整理，到后来的系统化和完整化，再到如今的数字化和网络化，图书馆资源建设理论始终在不断适应和满足读者日益增长和变化的需求，这种适应性使得图书馆资源建设理论能够持续地从较低层次向较高层次发展。

（一）藏书建设阶段

1. 古代藏书建设

在我国的先秦时期，社会生产力水平有限，知识成果与文献的产出较少，因此藏书活动的规模也相对较小，主要局限于官府、书院以及私人藏书。在那个时代，藏书的主要目的是尽可能全面地搜集、保存和收藏各类图书。到了宋代，藏书活动得到了进一步的发展和完善，系统的藏书建设理论与方法逐渐形成，为后世的藏书活动提供了重要的指导。明清时期有关藏书方面的著作影响力较大的有宋代郑樵所著的《通志 · 校雠略》、明代祁承㸁所著的《澹生堂藏书约》、清代叶德辉所著的《藏书十约》等。在这些著作中可以找到关于“求书”“购书”“鉴书”等方面的知识以及图书装订、编目、保护与收藏的方法和技巧。

2. 近代藏书建设

到了近代，我国开始积极引进和吸收西方的先进文化和知识，大量的西方书籍被翻译成中文引入国内，极大地丰富了我国的文化和知识体系。造纸和印刷技术的广泛应用，使得书籍的印刷和传播变得更加便捷和高效，报纸、杂志和教科书等出版物成为人们获取信息和知识的重要渠道。图书馆的文献存储空间有限，随着图书种类和数量的不断增加，图书馆无法收集所有的文献资料，藏书采访这一新概念应运而生。藏书采访工作是一项涉及对各类文献进行收集与整理的重要任务，在实际的走访和探求过程中，图书馆工作人员致力于实现文献的全面收录。为了进一步加强藏书采访的规范管理，图书馆特别设立了专门的藏书采访部门，这个部门负责制定和执行一系列详细的管理章程，以确保文献收集工作的高效和有序进行。此外，一些关于藏书采访的专业著作也开始陆续出版。

3. 现代藏书建设

中华人民共和国成立后，我国图书学术界把藏书建设作为图书馆的专业术语。时至 20 世纪 60 年代，从藏书组织到补充与典藏的整个过程，涉及文献搜集与系统登录，以及馆藏文献的排架、保护与剔除等，都开始成为藏书建设的重要内容。

20 世纪 70 年代后，藏书建设概念在外延与内涵的双重领域都有了新的发展，并变得更加系统、完整。作为组织、搜集并积累藏书信息的完整体系，藏书建设已经可以借助检索网络和存贮中心，实现文献信息的补充登记、组织规划与协调运作。

改革开放初期，西方图书馆学界的相关理论开始影响国内的藏书建设工作。盛行于欧美的书目控制理论以及苏联流行的图书馆馆藏学理论等，都极大地促进了我国藏书建设的发展。20 世纪 80 年代后，藏书建设的发展更为深入。改革开放后的第一个十年，图书馆学术刊物上有关藏书建设的文章已经将近 2000 篇，被国内图书馆收录的有关藏书建设的专著和教材则多达 10 部。改革开放以后，国内陆续出版的藏书建设类书籍，如学者吴慰慈等于 1991 年编著的《图书馆藏书》，学者史鉴等于 1982 年编著的《文献收集》等，内容涉及藏书组织、补充、体系建构、保护管理、复选剔除以及藏书的分工协调等诸多方面。

从藏书采访到藏书补充完成了操作业务的专业化转变，从藏书补充到藏书建设则实现了质的飞跃。图书馆藏书开始被视为完整的科学体系，涉及藏书组织管理与图书馆规划发展的藏书建设，无疑推动了认识由表象感知层次到抽象理解层次的提升，有效促进了图书馆理论和实践工作的开展。

（二）文献资源建设阶段

1. 文献资源建设面临的问题

随着出版业的蓬勃发展，图书馆的藏书种类得到了前所未有的丰富，出版物的载体形式也变得更加多样化。除了传统的纸质书籍，还出现了机读材料、微缩资料以及音像制品等新型载体形式，为读者提供了更加多元化的阅读选择。因此，图书馆参照《文献著录总则》的规范，对藏书的传统命名方式进行革新，将这些不同载体形式的出版物统一命名为文献。

20 世纪 80 年代，随着改革开放政策的实施，新的社会环境导致图书馆的藏书建设面临着一些问题。

文献出版量的增加导致出版物的价格不断攀升，图书馆在采购新书时面临较大的经济压力。由于图书馆需要投入更多的资金来购买新书，这使得馆藏经费变得短缺。与此同时，读者对文献的需求也在不断增加，他们希望图书馆能够提供更多的资源以满足他们的学习和研究需求。然而，由于经费的限制，图书馆往往无法购买足够数量的文献来满足读者的需求。为了解决这些问题，图书馆之间开始加强采购协调，通过合作采购来减轻图书馆的经济负担。图书馆之间可以通过共享资源来填补文献资料的空缺，提高资源的利用率。通过与其他图书馆的合作，可以实现资源的互补，从而更好地满足读者的需求。

2. 文献资源建设发展的标志性事件

文献资源建设发展的重要阶段可以从这几个时间进行划分。首先，召开于1984 年 9 月的全国高校图书馆藏书建设研讨会，探讨了文献资源的概念以及文献资源建设的可行路径。同年，肖自力先生发表文章，论述了我国文献资源建设的宏伟蓝图以及高校图书馆肩负的重要使命，这是国内首次系统介绍文献资源建设实践的理论性成果。其次，召开于 1986 年 11 月的全国文献资源布局学术讨论会，成为我国文献资源建设理论走向成熟的标志。此后四年，在国家社会科学基金的资助下，全国文献资源调研小组对国内近 500 家图书馆进行了大规模的课题研究，并发表了多项研究成果。这次调研活动由于构思精密、影响重大、意义深远，在我国文献资源建设研究史上具有里程碑式的意义。最后，学者肖希明和沈继武于1991 年出版的《文献资源建设》成为国内首部系统论述文献资源建设的专业教材。此后两年出版的《中国大百科全书》，在图书馆情报学与档案学分卷中，明确地使用了文献资源建设概念，这意味着国内的文献资源建设理论已经正式成立。

3. 文献资源建设的理论成果分析

伴随着文献资源建设实践的积极推进，相关方面的理论研究也全面展开。改革开放后的十五年间，国内的图书馆学界共发表文献资源建设领域的学术论文约4000 篇，出版专著接近 30 部，是改革开放前该领域研究文献总量的十多倍，远超同时期图书情报学其他课题的研究文献总量。《文献资源建设》一书内容涉及文献资源建设的方方面面，有效地扩充了文献资源建设的理论内涵，成为国内首部阐述文献资源建设的经典教材。此后，由学者李祯臣于 1992 年编著的《图书馆文献资源建设》，由学者吴晞于 1993 年编著的《文献资源建设与图书馆藏书工作手册》，由学者肖自力等编著的《文献资源建设与布局论文选》，以及由学者张玉礼于 1997 年编著的《文献资源建设概要》等，都是文献资源建设的重要论著。

（三）信息资源建设阶段

时至20世纪90年代后期，伴随着信息技术的飞速发展以及数字网络技术的广泛应用，信息交换的全新环境超越了传统信息输送的困局，并在以下几个方面，弱化了传统的图书馆文献资源建设能力。第一，图书馆的空间布局结构与文献资源类型变化显著。超越物理形态的印刷型馆藏文献，开始具有数字化的呈现形式，虚拟馆藏与实体馆藏在文献信息与数字信息的存储方面，初步实现了取长补短与共同发展。第二，文献信息的典藏以及网络信息资源的开发利用与组织管理，借助先进的互联网技术，已经可以实现网络环境中的信息存储、生产与传递，这既有利于信息资源的共享、共建与共通，也有利于信息资源系统的常态化运行。总体来说，当文献资源建设理论无法适应时代发展的要求时，应运而生的信息资源建设理论必然会将其取代并大放光彩。

我国信息资源建设在21世纪前二十年的发展非常重要。这期间受到国际互联网技术影响，我国的信息技术迅速发展，国内的信息技术发展到较成熟的阶段。信息技术蓬勃发展不仅改变了人们的生产生活方式，在信息资源建设方面也产生了深远的影响，传统的信息资源结构发生了改变，信息资源的评价指标与建设观念也有所改变。21世纪初期，发布的《2006—2020年国家信息化发展战略》，将建设与开发信息资源纳入国家信息资源的整体开发进程中，使得信息资源建设再次引发社会公众的普遍关注。21世纪前二十年，我国信息资源建设通过不断的积累和技术提升，已经取得突破性的成绩。

第一，出版社和各类媒介推出的资源文献数量仍在不断增长。

第二，数字资源建设迅速发展。对于具有特色和价值的馆藏文献资源，运用数字化的手段进行加工，并将其整理为数字化资源，而且数据库的建设进程明显加快。数据库建设是数字资源建设核心内容。

第三，重视网络信息资源的开发与利用。完善学科信息门户的建设工作，重视中国高等教育文献保障系统（CALIS）和中国科学院国家科学数字图书馆（CSDL）的建设，与此同时，加强开放存取信息资源的建设，如奇迹文库在网站上设有“开放的知识库”栏目，属开放式获取资源。

第四，数字信息资源的整合趋势日益明显。如CALIS的西文数据库导航系统中具有各高校图书馆3万多种西文期刊数据，该数据库还整合了56种西文数据库资源。

未来几年，信息资源建设研究领域的发展应集中体现在以下三方面。

第一，信息资源建设将进一步融入“大数据”与“互联网 +”的环境之中。在馆藏建设、数据存储和数据挖掘等方面均受到了大数据和“互联网 +”环境的影响，在信息共享、特色信息服务的应用中也离不开大数据技术。关联数据需要依赖大数据技术，数据挖掘和预测客户需求也同样需要大数据技术，在图书馆典藏资源购进时可以作为重要参考依据。计算机技术的全面应用，为数据资源的长久保存提供了可能，云端共享的信息资源，推动了信息资源建设的步伐。置身于全新的信息环境中，图书馆需要融合新的信息技术来谋求自身发展已经成为人们的共识，在信息资源融合新技术方面的研究热度也将会随着信息技术的不断深入而持续走高。

第二，人们对信息资源建设要以用户为中心的意识不断加强。这方面意识主要体现在读者决策采购中，读者成为信息资源建设的主体。作为文献采访的重要辅助形式，读者决策采购具有显著的效益与优势。不同于传统图书馆信息资源建设理念的读者主体建设思路，这种发展趋势为文献采访新模式的孕育提供了肥沃的土壤，也是信息资源建设的必然选择。

第三，构建多领域扩展的信息资源保障体系是信息资源建设的当务之急。作为图书馆学界与业界共同关注的核心议题，信息资源的整合、建设与共享，已经超越了传统图书情报理论的束缚。以公共文化服务研究为例，档案馆、公共图书馆、文化馆与博物馆的数字资源共享与文化资源整合，无疑已经成为研究人员的关注重点。在未来，信息技术的发展将推动信息资源建设在更广泛的领域如政府信息资源、企业信息资源、公共领域信息资源等进行升级运用，确保信息资源真正实现全社会共享。

第二章　高校图书馆信息资源体系建设

互联网和信息技术的快速发展为图书馆提供了更为丰富多元的信息资源和更为优越的环境条件，这些条件为图书馆在信息资源的创新和变革方面提供了有力的支持和保障。同时，高校图书馆信息资源保障体系建设以及高校图书馆信息资源评价指标体系的构建也逐渐成为整个体系建设中不可或缺的重要组成部分。

第一节　高校图书馆信息资源保障体系建设

一、高校图书馆信息资源保障体系建设概述

（一）高校图书馆信息资源保障体系的内涵

高校图书馆信息资源保障体系是指图书馆按照统一的规范与标准对信息资源进行采集、整理、加工、存储、共享、开发及利用等一系列处理时所依托的体系，图书馆信息资源保障体系的目的在于组织、传递、交流和提供知识信息服务，确保信息资源的有序流通和高效利用，满足高校师生的信息需求，推动高校的学科建设与发展。此外，图书馆信息资源保障体系还肩负着为国家知识创新和科技进步提供坚实基础的重要使命，是国家知识基础设施的重要组成部分和信息资源保障体系中的关键环节。

（二）高校图书馆信息资源保障体系的目标

高校图书馆信息资源保障体系的目标在于整合和共享各类文献信息资源，以实现资源的最大化利用，这一体系依托于合理布局的空间架构和科学构建的层次结构资源网络，基于先进的通信技术和计算机技术，高校图书馆信息资源保障体系能够实现资源的数字化，从而打破地域和时间的限制。通过横向与纵向的联合，高校图书馆信息资源保障体系能够满足不同用户群体的多样化信息需求，形成一个全方位、多层次的信息资源保障网络。高校图书馆信息资源保障体系的总目标

可以分为若干个子目标，包括以下几个方面。

1. 信息收集与积累

高校图书馆信息资源保障体系需要基于信息收集与积累进行建立，其具体目标所涵盖的内容如下。

第一，各级各类信息资源机构在各个层次上开展信息收集的分工协调工作，预防在信息收集时出现重复收集或遗忘部分信息，进而提高整体文献的资源完备程度，其标准是力求满足用户对国内出版物的需求，达到90%左右的国外文献的满足率。

第二，建立文献的联合储存收藏系统，并保存具有一定科学性或是文化价值的文献，并且，为社会的特殊需求提供文献信息保障。

第三，对信息资源的地理分布进行宏观调控，并从整体上进行布局，改变信息资源过于集中在一个地区的情况，进一步实现信息资源在地区之间的合理配置。

第四，全方位规划信息资源建设，同时改变藏书的发展模式——“大而全”“小而全”，并且建立起具有一定特色和重点的专门信息资源机构，进而实现信息资源在学科上的合理配置。

第五，在网络这个大环境下，对信息的收集和积累是具有一定目标的，也就是要建立虚拟以及现实的馆藏，将印刷型文献与其他各种文献载体进行有效结合，文献检索与原始文献提供有效融合的信息资源优势互补和资源共享的保障体系。

2. 书目控制

高校图书馆信息资源保障体系通过有效的书目控制可以将自身功能充分体现出来，其具体目标如下。

第一，完善国家书目，包含通过计算机技术生产国家书目，并提升出版速度，进而将书目报道文献的时差缩短；健全出版物呈缴制度，将国家书目的文献信息网罗度进一步扩大；通过标准著录将检索途径拓宽。

第二，实现在版以及集中编目。

第三，建立联合目录报道体系，全面、及时且大范围地将各个信息资源中心的馆藏文献信息公布出来。联合目录采用计算机进行编制，与此同时，把联合目录库生产出来。

第四，检索刊物体系的建立和完善，包含报道文献覆盖率的扩大、检索刊物数量的增加、报道文献时差的减短、检索刊物标准化程度的提升等。

3. 信息检索

在优化高校图书馆信息资源保障体系传递功能的过程中，信息检索是非常重要的技术手段，其具体所包含的目标如下。

第一，网络公共查询，包含查询成员馆馆藏以及联合目录数据库、其他共享数据等。通过客户软件或是 Web 浏览器，用户可以实现一站式检索，也就是用户一次性把检索要求输入进去，并显示出检索的结果，对自己感兴趣的书目记录进行查询或请求文献传递。

第二，联机检索，将联机检索的规模与范围进一步扩大，全国各地只要是有网络覆盖的地方都能够成为网络终端，并且，可以同世界上主要的信息系统进行联系，用户在自己家中或者是办公室便能够查询分布于全球的数据库信息。

4. 馆际互借与文献传递

馆际互借与文献传递在高校图书馆信息资源保障体系中是非常重要的一种运行防护方式。下列是关于馆际互借与文献传递具体的目标。

首先，要实现网络化和系统化，全方面地规划全国的馆际互借和文献传递，并且要进一步建立协作协调机制，这样一来，便可以把这一工作组织起来，同时制定统一的规则，规范工作中的行为，如此，馆际互借与文献传递在我国会构成一个有序运行的系统。

其次，用现代技术装备文献传递网络，进而保证实现信息的远程实时传递。

最后，将其规模以及范围进一步扩大，并积极开展起来，促进文献资源在更大的范围中使用。

（三）高校图书馆信息资源保障体系建设的重要意义

1. 高校图书馆信息资源保障体系是图书馆信息用户获取信息资源的重要途径

在处理用户信息需求的过程中，完善和创新图书馆信息资源保障体系具有重要意义，这一保障体系是培育高素质人才的重要文献信息保障，它为高校进行知识创新和技术创新提供了关键的信息来源。图书馆通过对信息资源进行筛选、加工、整合以及储存，向学校师生提供便捷的信息资源获取途径，有效地满足师生的多样化信息需求，确保他们能够快速、准确地获取所需的知识和信息。

2. 高校图书馆信息资源保障体系是高校图书馆信息化建设的核心内容

在高校的发展和建设过程中，信息化建设扮演着至关重要的角色，其对于学校的声誉和形象、整体教育质量具有决定性的影响。教育部颁布的《普通高等学校图书馆规程》明确指出，高等学校图书馆是文献信息资源的中心，它不仅承担着科学研究和人才培养的学术职能，还在学校的信息化建设和校园文化建设中扮演着重要的角色。通过信息化建设，高校可以更好地整合和利用各种文献资源，提高教育质量和科研水平，从而提升学校的整体竞争力和影响力。因此，信息化建设在高校的发展和建设过程中具有举足轻重的地位，是推动高校进步的重要动力。图书馆的建设必须与学校的整体发展相适应，为了确保图书馆能够充分发挥其在学术研究和教育教学中的重要作用，必须将其发展与学校的整体战略紧密结合。图书馆应不断更新和完善设施和服务，以满足师生日益增长的需求。

3. 高校图书馆信息资源保障体系建设的水平是高校图书馆总体水平的标志

在高校图书馆信息化建设的过程中，信息资源保障体系处于核心地位，高校图书馆总体建设水平的主要标志体现在其信息服务水平以及信息资源建设方面。国内外比较著名的大学的图书馆的发展水平都非常高，处于领先地位。图书馆的工作在科学研究以及学校教学工作中尤为重要。图书馆在建设和发展过程中，要与学校的建设以及发展相适应，学校整体的水平则取决于图书馆的建设和发展水平。因此，信息资源保障体系建设水平对高校的核心竞争力造成了一定的影响。

4. 高校图书馆信息资源保障体系是国家信息资源保障体系的重要组成部分

高校在国家创新体系中是很重要的构成部分，其信息资源保障体系是国家信息资源保障体系的重要子系统之一。信息资源保障体系所服务的范围与对象不单纯地包含学校内部，与此同时，也有着重要的社会意义。具体体现如下。

第一，促进了社会信息公平，进而保证人们能够自由地获得更多的信息。

第二，高校图书馆具有丰富的馆藏资源，同时也肩负着保存以及传承人类文化遗产的使命。

第三，肩负提升人们科学文化素养以及信息素养的重任。

二、高校图书馆馆藏信息资源的需求特征

（一）馆藏信息资源要实现资源整合

资源整合实际上是一种资源优化组合的体现，它要求我们根据实际的需求和目标深入分析资源系统的独特性和互补性，找出它们之间的内在联系和协同效应，以便更好地发挥整体的优势。通过对资源的合理配置和优化组合，我们不仅能够提高资源的利用效率，还能在更大程度上满足用户的需求，实现资源利用的最大化。在图书馆所具备的诸多资源中，采用多种方法、技术及手段综合使用，使其

系统化与优化，主要是为了把全部馆藏资源无缝地、透明地汇集到一处，进一步明确知识体系的完整性，进而实现不同信息资源中的有效沟通，同时，也满足了学校科研以及教学的需求，形成网上统一的馆藏体系。

（二）馆藏信息资源要内容全面、更新及时、传递迅速

高校图书馆不仅承担着为学校师生提供文献信息服务的职责，还在学校及社会的信息化建设中扮演着重要角色。此外，高校图书馆在学校的科研和教学方面能够发挥重要作用，而高水平的科学研究又必须建立在对最新学科前沿信息的全面掌握之上，因此图书馆所收藏的信息资源需满足以下条件。首先，信息资源内容要全面。高校图书馆的信息资源量必须能够满足学科研究和教学的需要，能保障完成科研与教学。其次，及时更新信息资源内容。随着科学技术的迅速发展，很多新的技术和理论相继出现，只有充分掌握最新的研究成果和最前沿的研究动态，我们才能了解当前学科的发展趋势和未来的研究方向。最后，要具备迅速传递信息资源的服务能力，以确保信息资源的高效流通，这意味着我们需要建立一个高效的信息资源传递系统，以便在最短的时间内将最新的研究成果和研究动态传递给相关人员。图书馆要与教研同步发展，提高信息资源传递的速度和质量，满足教学科研对信息资源服务的需求，从而为学术研究提供有力的支持。

（三）馆藏信息资源要共享化

馆藏信息资源在被读者使用时不会受到时间和空间的限制，从而在真正意义上成为师生一同开发挖掘的“财源”，甚至不属于本馆的读者也能够通过网络将本馆的信息资源利用起来。通过网络，本馆的信息资源能够与世界各个地区相连接，从而提升了信息资源的使用率，进一步实现了信息资源共享。

（四）馆藏信息资源要形式多元化、传递网络化

关于读者对信息资源多元化的需求，高校图书馆要通过收藏一些文本信息之外的诸多非文本信息予以满足，如图像、视频、录音等，使得信息资源具有多媒体性、非规范性以及多类型性等多元化特点。

由于网络、通信以及计算机技术的迅猛发展，读者通过网络便可以轻松、便捷地获得信息并传递信息。例如，读者只要登录网站，点击鼠标便可以查询到自己想要的信息。所以读者通过信息资源传递网络化可以便捷地获得并且使用馆藏的实体以及虚拟资源。

三、高校图书馆信息资源保障体系建设的具体路径

（一）构建法律政策保障机制

在建设信息资源保障体系的过程中，需要遵循一定的章法。为了确保馆藏建设能够顺利进行并达到预期目标，图书馆必须严格遵守《文献资源发展政策编制指南》的相关规定，在此基础上制订符合自身特点和需求的信息资源发展规划，以确保馆藏资源的丰富性和多样性。在信息资源发展的过程中，不可避免地会遇到各种问题和挑战。为了应对这些问题和挑战，图书馆应制订详尽的应对措施，并向读者公开图书馆的建设成果，让读者了解图书馆在资源建设和发展方面取得的进展。这种公开有助于图书馆获得必要的经费支持，还能够与读者建立信任关系，从而为图书馆工作的顺利开展创造良好的外部环境。

（二）开展个性化信息服务

个性化信息服务指的是符合读者的兴趣偏好、个性特点以及满足读者的行为需求的服务，这种服务具有很强的专指性。高校图书馆开展个性化信息服务的途径如下。

第一，建立个性化服务标准。通过个性化服务实践掌握个性化信息服务原则，对读者的信息展开研究；定量研究读者信息；通过网络论坛（BBS）以及电子邮件（E-mail）等形式加强与读者交流，以便于第一时间对服务的内容和方式做出适当的调整，从而实现对个性化信息服务的规划、协调和掌控。

第二，通过网络化和数字化技术，建立个人数字图书馆。为了进一步提升图书馆在提供个性化信息服务方面的能力，我们应当赋予读者更大的权利，使他们在创造知识、筛选信息以及组织知识的过程中充分发挥主观能动性，帮助读者建立个人数字图书馆，拓展知识的了解范围。个人数字图书馆能够帮助读者高效地获取所需信息，并确保信息的真实性和可靠性，读者则可以科学合理地利用这些信息，有效掌握知识。

第三，必须进一步增强读者的信息处理能力和意识，推动读者文献信息检索课程的开展，帮助学生更好地利用图书馆的信息资源。文献信息检索课程应培养学生的信息整合与应用能力，帮助读者将所学知识与实际问题相结合，提升其解决实际问题的能力。图书馆应当充分考虑读者在阅读和学习过程中所表现出的多样化行为偏好、专业特征以及需求差异。为了更好地满足读者的需求，图书馆需要运用先进的系统化信息检索技术，提供与各个专业领域相契合的知识资源，并

且应对读者进行适当的指导，帮助他们更好地利用这些资源。通过这些措施，图书馆不仅能够帮助读者更好地理解和掌握知识，还能够进一步增强他们的信息捕捉能力和科学思辨能力。

（三）建立高校图书馆信息资源联合保障机制

由于现代信息技术的迅速发展，读者的信息需求也有了新的特点，即多元化、集成化以及个性化。这样一来，各个图书馆如果仅仅依托自身的馆藏是无法满足读者需求的。所以，资源共建共享是现代图书馆的发展方向，也是新时代对图书馆的要求。近几年，诸多图书馆都参与了信息资源共建共享活动，从此走上了资源共建共享的道路，从整体上开始规划信息资源收藏的学科范围和层次，分工协调，降低互相之间的重复采购率，同时，信息覆盖率也相对提高，这样一来，读者的信息需求能够最大限度地得到满足。

（四）注重高校图书馆的科研特色馆藏建设

教学和科研是高校的两大重要职能。图书馆的首要工作便是给学校平时的教学以及科研提供最基础的信息资源。基于此，图书馆需要将自身的科研特色馆藏建设进行强化，其不单要追踪重点学科的主要研究项目，也要给予全面的信息支撑，在保证其能够正常运行的情况下给予该学科所需的信息资源，让其无论在品种、数量还是类型上都具有一定的优势，同时具备较高的情报价值及学术品位，并且还要进行科学的组织管理，让其具备多种检索功能与途径。图书馆应完善好科研特色馆藏，并对馆藏结构进行优化，进而将专业特色体现出来。全方位地了解本院校的重点学科和科研情况，并且对国内外有关学科的研究动态进行追踪，使其有针对性地采购资源。大范围搜集信息资源，并对其采访渠道灵活使用，进而将本校学科的特色体现出来。同时也要制订与本校重点学科发展相符的馆藏发展规划。做好科研特色馆藏，要将国家出版社正式出版的某一学科领域的信息资源搜集起来。与此同时，地方资源中的地方专家学者的手稿、各团体的文件、简报、会议文件、内部杂志、地方性刊物等非正式出版物也要进行收藏。图书馆在进行信息资源收藏时，也要重视对现有馆藏资源的开发，把特色馆藏转为二次、三次资源数据库以及专题数据库，进而与通信和网络技术的发展相适应，给读者提供便利，同时提升信息资源的利用率。

第二节　高校图书馆信息资源评价指标体系的构建

一、高校图书馆信息资源评价概述

（一）高校图书馆信息资源评价的含义与作用

1．高校图书馆信息资源评价的含义

学者曹作华对信息资源评价所下的定义为，根据一定目标，系统地收集与信息资源体系相关的信息，通过分析解释，对信息资源客体的实用性和效益性做出客观的评价。① 具体而言，就是对图书馆的现有信息资源体系、运行状况、效果等各方面的属性进行衡量和检测，做出价值判断。这种检测和评估可以反馈各种信息，从而为图书馆及其信息资源发展政策的制定提供客观依据。

综合而言，对高校图书馆的馆藏信息资源进行评价是一项系统性的任务，旨在根据图书馆的馆藏发展目标全面地评价图书馆所拥有的各类信息资源，同时，还要对读者获取和利用馆藏信息资源的情况进行综合评价，不仅要关注资源的数量和质量，还要关注读者的实际使用情况，包括读者对资源的满意度、使用频率以及资源对读者学习和研究的支持程度。通过对读者使用情况的分析，图书馆可以更好地了解资源的实际效用，从而有针对性地进行资源优化和调整，以满足读者的需求，提高资源的利用效率。

2．高校图书馆信息资源评价的作用

科学、有效地进行馆藏信息资源评价是高校图书馆信息资源体系建设的重要内容。馆藏信息资源的评价结果能够让读者清晰地了解自己所需资源的信息，从而提高查阅和使用效率，提高文献信息资源的利用率，进一步推动图书馆文献建设事业的健康长久发展。因此，对高校图书馆馆藏信息资源进行定期评价是图书馆工作中不可缺少的一个环节。

（1）实现对信息资源的有效利用，进而提高信息资源的利用率

帮助读者有效地认识、选择和利用有关的资源，是信息资源建设质量保障的前提。尽管大量的信息资源能够为读者获取信息提供支持，但如何从这些资源中准确选择所需的信息并加以有效利用就成为读者面临的问题。对信息资源进行评

① 曹作华．图书馆信息资源建设与评价［M］．徐州：中国矿业大学出版社，2003.

价，可以提高信息资源的精准度和实用性，改善信息资源的品质，促进信息资源的优化和良性循环，从而达到对资源的有效利用。

（2）检验馆藏信息资源，为学校教学、科研提供信息保障的能力

馆藏信息资源评价，可以从数量、质量和资源结构上对馆藏资源进行全面、准确地把握，具体有以下两点好处：一是可以有效检验现有馆藏体系中的重点馆藏、核心馆藏或特色资源是否得到了应有的重视和保护；二是可以有效检验现有馆藏体系中存在的不能满足读者需求的薄弱环节。通过检验馆藏信息资源，克服资源建设中的不足，才能有效提升为学校教学、科研服务的信息资源保障能力。

（3）为图书馆制定馆藏资源发展决策提供客观依据

第一，通过定期对馆藏信息资源配置的质量进行评价，可以有效检验信息资源采选方针、采选方式和采访信息源的适宜性，从而改进图书馆信息资源的采访工作。

第二，对高校图书馆的纸质文献信息资源和电子文献信息资源进行评估，可以查漏补缺，及时做出相应的调整，促进图书馆馆藏结构的优化和完善，让经费花在刀刃上，减少无效浪费。

第三，可以及时了解广大读者对于图书馆文献信息资源的满意程度，评估文献资源是否能够满足不同受众的个性化需求，能够找出规律，有针对性和计划性地制定相关文献信息资源发展决策，从而更好地服务于读者。

第四，能够分析和评定出目前的文献信息资源库是否符合图书馆发展目标和任务，是否有特色和重点，以便及时调整相关政策。

第五，有助于协调与院系资料室乃至于与其他高校图书馆的信息资源共建共享水平，提高图书馆整体服务水平。

（二）高校图书馆信息资源评价的原理

图书馆信息资源建设是一项复杂的系统工程，因而也决定了评价的系统性和复杂性。为此，在评价中应坚持以系统理论为指导，坚持信息论、控制论、系统论相互结合的原则，应用整体性、反馈性、优选性、有序性和定量分析与定性分析相结合的原理，全面地认识信息资源评价的属性和理论意义。

1. 系统性原理

系统是各部分紧密结合的、有结构的整体，具有整体性，而单独的、没有联系的独立个体组合在一起不能被称为系统。系统的整体性决定了整体功能大于个

体功能之和。图书馆信息资源建设作为一个大系统，内部结构有序、严密且复杂。系统中包括许多组成部分，每部分可被看作分系统或子系统，每个子系统受到许多因素的制约，子系统又相互依存、相互作用、相互影响。因此，在进行信息资源建设评价时，必须应用系统性原理，特别是关于系统结构的每一个局部最优和不等于整体最优的思想，从系统的整体目标和任务出发，运用系统分析的思维综合分析各个因素如何发挥出最大作用，从整体的角度去全面考虑各部分对图书馆文献信息资源整体工作的影响。

2. 优选性原理

优选性原理即选择最优的方案或者决策来实现总目标。如何从众多的备选方案中选择出技术上可行、经济上合理、社会效益最大化的总体最优方案，这是决策之前必须解决的一个重要问题。信息资源建设评价，就是为达到这一目的。通常，优选性研究主要通过两种途径，第一种途径是从不同类型的多个方案中开展优选，第二种途径是从同一方案的不同决策中选择最优方案。信息资源建设方案优选则融合这两种途径于一体，如信息资源建设的总体评价属于后一种优选方式，而图书馆文献询价采购方案优选则属于前种优选类型。

3. 有序性原理

所谓有序性，就是按照一定的标准（或称评价指标体系）和一定的程序，以特定的时间间隔，对特定时间段内信息资源建设状况进行评价，以求从时间序列上展示信息资源建设循序渐进的发展变化过程。

4. 定量与定性相结合的决策原理

信息资源建设评价的核心问题，是要寻求馆藏与需求的最佳契合度，找出质量上优秀、经济上合理的最佳方案，提高馆藏的利用程度。为了达到这一目标，必须对涉及的诸多因素进行权重分配以得出明确的综合数量概念，以便进行确切的分析、比较。目前，定量与定性相结合的评价体系已成为一种理想的模式。图书馆计算机化、网络化环境的不断优化，为利用计算机和数学建模技术来构建信息资源建设状况的定量与定性相结合的评价方法提供了极大便利，开展相关影响因素数量化评价的条件已经成熟。当然，信息资源建设是一个复杂的循环过程，不可避免地会存在一些难以量化的因素，如信息资源组织与加工深度、信息资源对读者需求的满足程度、信息资源利用效果以及共享化程度、社会效益和经济效益等。对此，应采取相应的定性描述，通过定量与定性相结合来达到综合性评价的目的。

（三）高校图书馆信息资源评价的原则

1. 整体性和系统性原则

高校图书馆文献信息资源馆藏评价要坚持整体性和系统性原则。所谓整体性和系统性就是要在评价的过程综合考虑到整个数据库、不同用户需求，结合自身实际来对各项因素进行评价，要通观全局，不能只看某一个环节或者因素。在进行评价时，各项指标不应单独存在，而应该相互关联，形成一个完整且系统的评价体系，这样可以有效增强评价的客观性和准确性。图书馆信息资源建设的评价目标是多方面的，既包括效率目标，也包括发展潜力目标等，这些目标应当相互协调，相互促进。在发展过程中，应运用系统化的方法，从整体和全局的角度出发，综合考虑各种因素，确保图书馆信息资源评价工作科学、合理、有效，从而推动图书馆事业持续发展。

2. 指标可操作性与可比性相结合的原则

在构建图书馆馆藏信息资源评估指标体系时，我们应确保其具备可操作性，每个评估指标都应该是可以量化和获取的，以便于后续的统计和处理。图书馆馆藏信息资源建设的评价必须依托于可靠的资料和科学的评价指标体系，评价的资料和指标应根据实际需求和具体情况进行选择，还应适当增设一些新的调查项目和评估指标。我们所获得的数据应具有可比性，便于进行比较分析。

3. 定量指标与定性指标相结合的原则

在对高校图书馆的文献信息资源进行评价的过程中，对于那些难以直接量化评估的因素，可以将定量指标与定性指标相结合，采用权重评价法，这种评价方法能够弥补单一评价指标方法的不足，获得更为有效的评价效果，从而更准确地评价图书馆的信息资源建设情况。

4. 静态指标与动态指标相结合的原则

在对图书馆馆藏信息资源进行评价时，评价指标主要为静态指标，静态指标的主要作用是揭示图书馆在某一特定时刻的具体状况，如馆藏数量、种类和质量等，这些指标能够直观地反映出图书馆在某一时刻的资源状况。此外，评价指标中还存在一定的动态指标，动态指标主要展示图书馆在一段时间内的变化情况，这些指标能够反映出图书馆在一段时间内的发展和变化趋势。在评价图书馆馆藏信息资源的过程中，必须同时考虑静态指标与动态指标，以全面了解图书馆的现状和发展趋势，但应以静态指标为主。

5. 导向性与科学性原则

一个有效的评价指标体系应该能够真实地反映出资源建设的质量水平，还能够推动建设质量的持续提升。我们需要基于文献信息资源的实际状况并结合其发展趋势，严格遵循科学性原则，构建具有指导意义的评价体系。具体来说，评价数据应当准确、全面且简洁，能够全面衡量并体现图书馆信息资源建设的价值取向、核心特征、当前状况及未来发展趋势，还能帮助相关人员及时发现并解决建设过程中可能遇到的问题，确保资源建设能够更好地满足用户的需求。

（四）高校图书馆信息资源评价的类型

高校图书馆信息资源评价根据不同的划分标准，可以划分出不同的类型。

1. 按质量要素分类

根据质量要素，高校图书馆信息资源评价可分为单要素质量评价、多要素质量评价、整体质量综合评价三种类型。

（1）单要素质量评价

即单项质量考评，是馆藏质量的某一个特定方面，比如某学科文献信息资源的利用率高低、用户的满意程度等。由于一个质量评价要素就代表着馆藏质量的一个方面，因此，可以将单个要素独立用作单项质量考评的标准。

（2）多要素质量评价

信息资源建设涉及图书馆自动化建设、网络化建设、文献资源建设、数字化信息资源建设等方面，而这些方面的质量保障又涉及多个评价要素。这些质量要素的联合构成信息资源建设评价的子系统，每个子系统又构成了局部质量评价的组合标准。

（3）整体质量综合评价

由于信息资源建设涉及信息收集、组织、整序、开发和管理等活动，系统以整体形式构成对用户信息需求评价的保障功能，其结构复杂，要素众多。要了解信息资源体系的状况、功能及其发挥情况，就需要进行整体质量的综合评价。综合评价对于指导馆藏发展规划和策略调整、文献经费预算和分配、馆藏发展过程控制以及信息资源保障能力的提高等具有不可替代的作用。但是，这种评价形式工作量大，实施难度也很高。

2. 按评价时间分类

根据时间要素，高校图书馆信息资源评价可被分为回顾性评价和现状评价两种类型。

（1）回顾性评价

回顾性评价是在历史资料的基础上，对单个馆在过去一段时间内馆藏建设质量所进行的比较性评价。这种评价可以从时间序列上揭示馆藏信息资源建设的发展过程，了解馆藏建设政策调整的力度和最佳质量点，为信息资源建设策略的制定提供历史性比较依据，从而有助于科学合理地规划与把握图书馆信息资源建设的方向。

（2）现状评价

现状评价即结合已定的馆藏文献信息资源质量综合评价体系，针对已有的馆藏进行现状评估和测定。现状评价结果能够揭示馆藏信息资源建设的现状，同时也能为以后的发展规划提供参考价值。

3. 按评价范围分类

根据评价范围要素，高校图书馆信息资源评价可分为微观评价、中观评价和宏观评价三种类型。

（1）微观评价

微观评价一般是指对单个图书馆的信息资源质量评价。若想了解图书馆的基本活动单位的建设情况，通常就会选择微观评价。

（2）中观评价

中观评价是指地区性、行业性信息资源质量评价，它所反映的是地区、省、市或行业部门等中等范围内信息资源建设情况。

（3）宏观评价

宏观评价是全国性的信息资源评价，可反映国家整体信息资源共知、共建、共享的效果。

就我国信息资源建设而言，微观、中观、宏观相当于三个不同的范围层次。信息资源共知、共建、共享的整体效应，依赖于这三个不同范围层次的相互支撑、相互协调、相互融合而得以实现。

二、高校图书馆信息资源评价指标体系构建的原则和过程

评价指标体系是一套具有内在联系的、形成一定层次结构的、能全面反映系统总体目标和特征的指标集合体。对于复杂系统的评价，人们通常会将其看作一个整体，通过对这个系统的若干特征因素来进行全面综合的系统评价。

（一）信息资源评价指标体系构建的原则

评价指标体系的制定，是图书馆评价活动中最为重要的环节，其科学性、合理性直接影响着评价的质量与效果。制定评价指标体系通常要遵循一定的原则，下面将分别予以讨论。

1．整体性原则

图书馆信息资源建设是一项复杂的系统工程，这就要遵循整体性原则，系统安排各组成部分协调发展。高校图书馆信息资源评价体系的构建也同样需要如此，要从整体出发，兼顾评价对象的各方面情况，不能仅从某个方面去进行评价工作。建立评价指标时要合理地规定指标数量，按照一定的标准来进行相关工作，这样有一个系统的指标才能科学地去达到评价的目的，而确定层次和指标没有绝对的标准，一般只从对信息资源本身所表现出的特征以及信息资源对用户需求的满足能力和被使用程度方面考虑即可。选择评价指标，既要考虑正效应指标，也要考虑负效应指标。只有形成全方位的指标体系，才能保证评价内容的完整性。

2．目的性原则

信息资源评价活动无论是从指标体系的制定、相关数据的收集到用户意见的调查，还是从评价方法的应用与计算，直到得出结果，都是一项复杂的系统工程。对于这项复杂的系统工程活动，可以在信息资源建设的不同阶段和不同层次展开，评价目标对象可能是信息资源建设工作的总体质量、信息资源体系的保障能力，也可能是文献询价采购的方案优选、文献信息的知识情报容量等。信息资源评价活动的最终目的都是希望通过评价，进行纵向或横向比较，找出问题，探索改进工作的途径，为后续工作的科学决策和方案优选提供科学依据的目的。因此，在评价的过程中，一旦确立了要评价的对象，在指标的选取上面就要有明确的目标和方向，不能盲目、无目的，选取的指标要能够客观又贴切地反映相关内容，尽量贴合实际，避免指标与评价对象和内容无关的情况出现。

3．多视角、多维度原则

在信息资源评价中，评价者是质量概念的主体信息资源，是评价的主体。评价者包括读者、社会信息用户、图书馆馆员等，其中读者又有不同范畴。高校图书馆主要面对学生、教师、科研人员和一般的信息需求者，公共图书馆则要面对各行各业不同类型、不同需求层次的读者。因此，不同主体由于所处的环境空间不同，就会从各自的角度出发，本着不同的原则理念，做出不同的评价。同时，馆藏信息资源本身所具有的各种因素也造成了评价指标的多维性，因此，在选择指标时一定要尽可能覆盖评价内容，避免因遗漏，使得评价结果出现偏差。综上所述，制定评价指标时，对于评价主体的广泛性和评价客体的复杂性，要学会从多视角、多维度（如资源维度、用户维度、社会维度）去考察指标体系的可行性和实用性，在最大程度上避免评价指标与评价方法的缺陷。

4. 模糊性思维的原则

评价是一种由意识决定的行为，在许多评价指标体系中，存在一些难以用明确数值来界定的定量指标。尽管在制定评价指标体系过程之前已对主体用户和客体资源进行过详细分析，对指标的确立和指标量化的途径也进行过周密考虑，但其结果仍然或多或少地存在着某些缺陷。此时，即使取得较全面、较理想的效果，也只是暂时的，因为信息资源建设本身存在某些模糊性和不确定性，评价者观察角度也有所不一，评价思维方法也不可能强求统一。在上述情况下，就可以使用模糊数学的思维模式。模糊性思维是把数学的抽象思维模式应用于高校图书馆文献信息资源建设评价体系中，从复杂的现象中寻求其发展演变的规律，从而提高效率。模糊性思维也是评价指标体系的客观性和灵活性的反映。

5. 科学性原则

坚持科学性原则是保证评价指标体系建立的重要基础，只有用科学的态度和方法去进行文献信息资源评价工作，才能提高评价结果的准确性。

（二）信息资源评价指标体系构建的过程

评价指标体系的构建应根据实际情况，对不同评价对象和评价目标采取灵活的处理方式。总体上来看，构建信息资源评价指标体系的具体过程如下。

1. 明确评价意图

明确评价意图，首先要搞清楚评价的对象是什么，评价要达到什么目的。同一评价对象，如果评价目的不同，对评价的理解及所涉及的内容就可能有所不同，所建立的评价指标体系也会有所差异。这里的评价对象是图书馆信息资源建设的整体状况以及各个不同的侧面，明确将图书馆信息资源对社会需求的满足能力和信息被使用程度作为评价的基点。所以，评价指标体系就要围绕这个主题展开，通过评价找出最佳质量点，获得决策依据，以达到适时、有效地调控馆藏资源建设发展过程的目的。

2. 筛选测评指标与被评对象

有关的因素很多，这些因素有的在测评指标中起着主导作用，有的则只起次要作用。针对评价对象和评价目的，选择什么样的测评指标是建立评价指标体系的关键一步。选择测评指标的一般原则是看其在评价过程中所起的作用大小。在筛选测评指标之前，可以先对评价对象进行全面调查分析，对所有相关因素都做到心中有数，然后再对松散状态的指标进行重要性比较和排队梳理。其中，极重要、重要的因素都可作为测评指标。而那些对评价结果不产生影响的因素，以及仅仅具有较小影响作用的因素，或者说评价价值较低的因素就应该予以排除。此外，还需要恰当地限定指标的数量和层次。一般认为，应以尽量少的主要指标运用于实际评价工作。如果指标数量太多，层次过于烦琐，就可能造成轻重不分、主次不明，进而降低评价的准确度。同时，也会加大评价的工作量。如果指标选择太少，过于粗略，则不能反映评价对象的本质特征，达不到良好的评价效果。

3. 建立评价指标体系

指标的集合是松散的集合，在进行评价之前必须理顺它们之间的相互关系，进而形成一个互相关联的体系。因此，在筛选出评价指标后，还必须建立指标的结构体系，使各项指标元素之间形成质的联系。建立评价指标体系时，所采用的行之有效的方法是层次分析法中的递阶层次结构模型，以指标间相互制约关系为纽带，建立起树状层次结构指标体系。但要注意，在所形成的评价指标体系中，各项指标都必须依照其支配关系而存在，而且只考虑一种主要的支配关系，不允许出现指标循环制约关系。

4. 检验与优化

建立任何评价指标体系，都必须通过实践检验，并根据实际情况进行必要的修正，信息资源建设本身就是一个反复深化、不断创新的过程，评价指标体系也需要随着信息资源建设体系的变化情况，不断完善和优化，才能始终保持指标体系的客观性与实用性。

5. 确定评价指标体系

依据上述分析，高校图书馆信息资源评价指标体系构建最终确定为以下几个方面。

（1）读者满意性指标

读者满意性指标包括数字化资源，由网络信息资源数量、数据库、电子文献数量和网络服务水平组成；非数字化资源，由各类纸质文献数量、纸质文献质量、纸质文献宣传、纸质文献管理水平组成；技术设备，由图书管理系统、多媒体阅览室、各种计算机硬件、各种计算机软件、复印设备、打印设备组成。

（2）馆藏特色性指标

馆藏特色性指标包括特色文献收藏，由古籍、名人字画、学科特色文献、地方特色文献、类型特色文献、文种特色文献组成；特色文献开发，由摄影，摄像，录音，民间故事、歌谣、谚语、民间风俗、族谱的深加工，特种教育资料，专题述评，进展报告，动态综述，未来预测组成；特色数据库，由综合信息库，成果库，专家库，文献信息库，法规、专利、标准数据库，地方特色数据库组成。

（3）结构性指标

结构性指标包括数字与非数字资源的比例，由电子与纸质图书的比例，电子与纸质期刊的比例组成；读者结构与信息资源的契合度，由信息资源总体结构与读者类型结构的相关性，藏书结构与学科结构的适应性，信息资源总体数量与读者数量的比例组成；基本馆藏与其他馆藏的比例，由外文信息资源与中文信息资源的比例，基本馆藏与特色馆藏的比例，重点学科与其他学科信息资源的比例，图书与期刊的比例，高级研究类与基础类信息资源的比例，新旧信息资源比例组成。

（4）效益性指标

效益性指标即评价指标体系的具体价值和收益等，包括该指标对于社会的促进作用、读者素质的提高程度、读者对图书馆文献资源的满意度、读者对图书馆服务的满意度组成；信息资源利用率，由纸质文献外借、内阅量，馆际互借量，数据库利用率，电子文献利用率，知识情报提供，复印传送量，信息宣传教育，远程信息传送量组成；经济效率，由信息服务的直接经济收入组成。

（5）安全性指标

安全性指标包括各种安全预防硬件设施，如消防设施、各类防盗设备、温度湿度控制、不间断电源可靠性、防雷电设备、防磁场设备、防静电设备等；安全预防软件设施，如杀毒防毒过滤软件与技术、操作系统稳定度、数据库备份、数据库加密，同时还需要加强对工作人员的安全知识与安全意识的培训。

第三章　高校图书馆信息资源的共建共享

信息资源共享在传统技术的前提下，通常是指文献的共享，也就是信息物质载体的共享。因其成本的原因，这种共享只能在一定时间、空间范围内进行有限的共享。本章主要介绍高校图书馆信息资源共建共享解读、高校图书馆信息资源共建共享的模式、实现高校图书馆信息资源共建共享目标的保障。

第一节　高校图书馆信息资源共建共享解读

一、高校图书馆信息资源共建共享的概念

图书馆信息资源共享是基于发达的互联网形成的一个概念，其涵盖的范围非常广，主体包括信息资源的生产者、信息加工者、服务对象以及图书馆用户。在图书馆信息资源共享这一体系中，各个主体之间并没有明确的界限划分，他们可能在某个环节或者时刻就会发生身份的转换。这种共享并非简单地共享文献资源，而是全面地共享信息。高校图书馆信息资源共享自然也是如此。

第一，步入知识经济时代，信息技术的发展越来越快，计算机技术、通信技术、强大的网络支撑以及飞速发展的多媒体技术等都是高校图书馆信息资源共享的技术基础。具体而言，通过网络，用户可以随时随地获取大量数字化信息资源，打破了信息传递的时间和空间限制。在信息复制方面，数字化技术则能让信息无限制、无耗损、无失误地快速复制。只要双方能够连接网络，无论身处何地，都能十分便捷地传递和共享信息，使得信息传递的时间延迟几乎为零。网络的无限拓展属性使信息共通共享越来越方便。而且随着相关技术的发展，信息资源异地传播的成本也越来越小，甚至几乎为零，这更加使得以网络为基础的信息资源共享成为可能。

第二，高校图书馆信息资源共享是社会发展、高校自身发展的需要。随着社会的发展，各类文献资源浩如烟海，为了满足师生的文献查阅需求，高校图书馆

必须不断更新自己的资源，然而，空间和资金的不足限制了高校图书馆资源的扩张，在此情况下，通过互联网共享文献资源就成了解决这一问题的主要手段。并且，随着高校图书馆的发展和逐渐开放，所面对的用户的种类和层次也逐渐多样化，甚至很多用户是异地的。这种情况下，单靠高校图书馆自身的服务能力是无法满足这些用户的需求的，因而寻求与其他图书馆的合作与资源共享极为重要。此外高校图书馆信息资源共享还能在一定程度上解决地区发展不平衡导致的文献资源供给缺乏问题等。

高校图书馆或其他信息服务机构以互惠、平等、自愿为前提条件，建立与其他图书馆或信息服务机构之间的协调、协作、合作关系，为最大限度地满足用户需求，运用媒体、计算机技术等各种方法，开展共同分享、建设、运用信息资源的活动，以实现高校图书馆信息资源的共建共享。

二、高校图书馆信息资源共建共享的时代背景

图书馆合作建设藏书与资源共享的历史可以追溯到 18 世纪后期。在这方面有显著贡献的是德国。那时，担任魏玛公国图书馆负责人的歌德（Goethe）与耶拿大学图书馆达成合作，共享文献资源。到了 19 世纪中期，法学家墨尔（Mole）提出的藏书建设分工协调理念进一步推动了图书馆之间的合作。阿尔特霍夫（Althof）将这一理念应用在实践当中，普鲁士的十所大学图书馆各自负责一定范围的藏书采购，并且签订资源共享协议。不过在图书馆资源共享刚开始发展的近半个世纪中，图书馆合作建设藏书与资源共享活动的规模和范围都比较有限，对图书馆工作没有产生实质性的影响。但近 60 年以来，高校图书馆信息资源共建共享活动蓬勃开展，有着深刻的时代背景。它的兴起和经济背景、政治背景、文化背景、科技背景密切相关。

（一）经济背景

如今，信息已经成为重要的生产力，我们要分析信息资源共建共享，就首先要从经济学的角度去理解，经济因素也是这一工作的重要影响因素。

1. 信息经济的兴起和发展

自人类出现以来，我们已经经历了多个发展时期，每个时期都有其独特的发展特征。然而，所有这些时期都拥有一个共同点：它们都建立在资源的基础之上。长期以来，人类生存和发展的必需品是能源、物质，这些也是社会经济发展的决

定性资源。关注资源成了人类发展的必然。然而在现代社会中，信息经济逐渐兴起，并且在国家经济结构中所占据的地位也越来越高，这种变化逐渐影响了社会经济体系。

信息经济的发展改变了世界经济发展的轨迹，各国在世界范围内的经济地位发生了改变。如今，各国越来越意识到信息这一生产力的重要性。在社会生产活动中，只有能够有效、合理地利用信息资源，才能促进效益的提升，实现资源利用效率的最大化。并且，信息往往是企业在竞争中占据先机的重要因素。也因此，社会对信息的需求变得更加迫切、更加多元化。这种发展与变化使得信息资源共建共享成为社会发展的必然要求。

2．经济全球化的趋势

随着经济全球化的发展，信息资源共建共享也迎来了新的发展机遇和挑战。经济全球化使得各国之间的合作变得越来越紧密，不同国家之间的经济相互影响，国家要想飞速发展，就不得不加入国际合作，这就推动了新的国际经济秩序的形成。尽管如此，全球经济一体化并没有同化国家，国家在经济、文化和价值观念上的特性依然可以存在。因此，为了在国际竞争中争取更多的利益，许多国家都非常赞同信息资源共建共享理念，并且乐于与他国合作。

（二）政治背景

当今全世界范围内爱护和平与共同发展成为世界的主流，全面开放、民主成为不可抵挡的趋势。作为一项社会性的事业，信息资源共建共享与文化、科技、经济有直接的关联，但同样，也受到政治影响。为确保公民获得信息的权利更加自由、平等，相应的政策法规是必须具备的。这不仅确保了信息资源共建共享活动的顺利开展，也提供了良好的政治环境。

（三）文化背景

信息资源共建共享蕴含着社会和谐发展的理念，寄托着人类对未来的美好期冀，是人类丰富多彩的文化的组成部分。它发展的每一个阶段，都深深地烙上了文化的印记。今天，人类文化正从诸多方面经历着深刻的变革，这些变革正在或将会对信息资源共建共享产生重要的影响。

首先，随着社会从工业化逐渐转向信息化，信息成为社会生产和发展的重要资源，其共建共享也就成了必然。其次，全球经济一体化的发展使得世界各国之间的文化融合也越发深入，当代的文化主体逐渐转变为全球文化，各国对信息资源共建共享的认同度也更高。再次，当代文化发展由精英文化转向大众文化，信息资源共建共享具有更加广泛的用户基础。最后，文化融合带来了更加频繁和深入的文化交流，文化的传承与发展从纵向逐渐转变为横向，而信息资源共建共享则为文化交流发展提供了强大的动力。

（四）科技背景

随着社会经济与科技的逐步发展和成熟，知识和信息资源更加丰富和庞大起来。现如今，人类进行的所有关于信息知识资源的活动，都与科技密不可分，如信息资源共建共享活动，如果没有先进的科学技术为依托，其根本无法实现。第一，随着科技的不断突破和迅猛发展，众多科研成果纷纷出世，各种各样的科学知识信息和其载体数量迅速增加。全世界任何一个图书馆都不能将所有的信息资源收藏起来。为了完善信息资源的收集，各图书馆之间相互合作，进行信息资源共建共享，成为必然趋势。第二，分化与综合的整体化是现代科学所展现的趋势。分化表现为不断分化学科专业，出现越来越详细的学科门类；综合表现为不同学科之间的相互渗透、联系，形成了很多综合、交叉、边缘性学科。这种趋势逐步增强了各学科之间的关联，也模糊了他们的界限。用户也受到此影响，信息需求也逐步变得更复杂化、多元化，这在极大程度上促进了信息资源共享的脚步。第三，现代信息技术在近几十年来得到了飞速的发展，远程通信技术、计算机技术等的不断突破，使信息的传递、储存、产生发生了翻天覆地的变化。全世界真正意义上成为同一个世界，信息能够瞬间传递到世界的各个角落，打破了信息传递的空间和时间限制。正是科学技术的迅猛发展，才使全球性的信息资源共享成为可能，也为此提供了最坚强的技术支持。

三、高校图书馆信息资源共建共享的理念

高校图书馆信息资源共建共享已经成为一项核心理念，它是信息资源共享的重要组成部分。国际学术界将资源共享视为一种共同管理资源的策略，旨在实现更高效的管理，为用户提供更大的正效益。这种观点反映了图书馆从传统的信息资源收集转向以信息服务为中心的理念变革。

我国学术界认为，高校图书馆信息资源共建共享的根本目的就是提高信息资源的利用效率。对于信息时代的组织而言，拥有信息资源并不足以保障发展，只有既能拥有信息资源又能有效利用信息资源才能发挥信息资源的最大作用。随着网络技术的发展，信息资源共享模式也由过去的重视所有权转向重视存储和使用

权转变。特别值得注意的是，在新时代的背景下，信息资源的获取强调的是拥有信息的网络使用权而非拥有信息本身，也就是说只要能够通过交换、租用、购买等形式获取信息资源即可。通过网络渠道，信息资源的流动和共享将变得更加便捷、高效。

四、高校图书馆信息资源共建共享的目标

在高校图书馆信息资源共建共享发展的过程中，其内容和目标经历过数次的变化。信息技术发展至今，为高校图书馆信息资源的共建共享提供了更多的技术支持。如何利用网络和信息技术构建资源共建共享的信息服务体系，为目标群体提供多样化的信息服务，满足其信息使用需求，就是如今高校图书馆工作的根本目标。

（一）建立相对完备的信息资源保障体系

在当今社会，科技的迅猛发展带来了信息资源的激增，这对于图书馆文献收藏提出了新的挑战。从现实情况来看，一家图书馆完全收藏世界上所有的文献是不可能完成的任务，高校图书馆更是如此。不过，高校图书馆可以根据自身特色在某一领域或者学科范围内尽可能多地收集各类文献。这样，将全国各大高校的图书馆的信息资源进行汇总整合，就有可能构建一个全国性的、资源全面、较为完善的信息资源保障体系。然而，文献数量的急剧增加、图书馆财政预算的紧张以及国际书刊价格的上涨，都给文献收集工作带来了巨大压力。而各高校图书馆在购入文献资源时缺乏规划和沟通，这将导致很多文献刊物重复被各个图书馆收藏，进而导致引进文献种类减少、学科覆盖不全面，无法实现信息资源共建共享的最终目的。因此，我们必须预先建立相对完备的信息资源保障体系，这一体系旨在促进资源共建共享，而非追求每种信息载体的全面收藏。通过对高校图书馆的文献收藏进行整体规划，可以扩大文献的覆盖范围，提高信息资源整体的完整性，从而为信息资源共享打下坚实的基础。

（二）建立迅速高效的文献传递系统

每个高校图书馆的信息资源，其他馆的读者能随意运用是信息资源共建共享的目的，即实现资源的共同利用。而建立迅速高效的文献传递系统则是实现这一目的的前提。

1. 文献传递的含义

根据《图书馆学与资讯科学大辞典》的定义:“文献传递服务是应使用者对特定已确知的出版或未出版文献的需求，由图书馆、商业服务单位等资料供应者将需要的文献或其代用品在适当的时间内，以有效的方式与合理的费用，直接或间接传递给使用者的一种服务。”文献信息资源传递根据传送方法和介质可以分为网络和传统两种类型，前者是未来发展的必然趋势，优势明显大于后者。不同国家和地区的文献传递系统因文化、版权、费用、技术、地理等因素的限制和影响有很大区别。

2. 我国电子文献传递系统的建设

像图书馆之间互借这种传统的文献传递方式，在国内已经存在很长的时间。这种方式主要利用邮寄方式进行，其成本高、效率低，已经无法满足当代信息资源共享的需求。所以，以网络为基础，建立多功能的、方便快捷的文献传递系统是必然趋势。

近几年，随着科学技术的持续突破和进步，高校图书馆工作自动化程度明显上升了几个台阶，馆际之间的互借急速上升，馆际互借工作的服务、质量效率显著提升，逐步向自动化、标准化方向进军。Z39.50 协议是当前信息机构普遍运用的馆际互借系统，也有以此为基础自行研发的，如 CALISILL 馆际互借系统是 CALIS 公共服务软件系统的重要组成部分，是由 CALIS 系统自行开发的。其主要以 Z39.50 协议和 ISO10160/ISO10161 为基础，运用前者实现对所有 CALIS 成员馆的馆藏文献信息资源的定位和查询，利用后者完成馆际互借事务的处理。当前 CALISILL 系统已经在北京地区 CALIS 成员馆之间试运行。我国建立电子文献传递系统的条件，随着科技的进步逐步达成，普遍建立起了各种地区性和高校网络，并且实现了网络连接。可以确定，在新时代背景下，在我国高校图书馆实现信息资源共享的道路上，电子文献传递是必经之路。

（三）形成覆盖面宽、利用便捷的书目信息网络系统

在当前信息爆炸的时代，文献资源的种类和内容日益丰富，数量也在不断增长。为了有效地管理这些资源，确保信息的可获取性，建立一个精确且用户友好的书目控制系统是非常有必要的。缺少这样的系统，人们寻找特定信息将变得异常困难，信息共享的价值也会大打折扣。因此，我们需要以计算机网络和信息技术为主要支撑，构建科学完善的书目信息网络系统。这个系统应该能够广泛覆盖各类书籍，不仅涵盖各种媒介和学科领域的文献资源，还应囊括不同地区的图书

馆和信息中心的资源。通过这个网络系统，用户可以迅速、准确地访问所需的文献资源。书目信息网络系统的功能应包括协调采购、联网合作编目和公共查询等。随着信息技术的发展，书目信息网络系统也应当不断演进，新增许多功能和特点，让用户使用起来更加方便，如学科信息门户、电子资源检索系统、OPAC 联机公共目录检索等。

第二节　高校图书馆信息资源共建共享的模式

一、高校图书馆信息资源共建共享的管理模式

高校图书馆信息资源共建共享的管理模式是决定系统运行效率和服务能力的重要因素，我们应当考察各国不同高校图书馆的资源共享管理模式，分析其中的优势和不足，进而进行优化。

（一）国内高校信息资源共建共享管理模式

通过对国内四家有代表性的信息资源共建共享组织的调查研究，我们得出其管理模式。

CALIS 具有一个覆盖全国的庞大的服务体系，由全国中心、地区中心、省中心、数字图书馆基地和成员馆组成。

中国高校人文社会科学文献中心（CASHL）是一个基于网络的服务体系，由 CASHL 管理中心、中心馆（全国中心、区域中心、学科中心）和一般成员馆共同构成。

江苏省高校文献信息保障系统（JALIS）作为地区性的共建共享组织，结构体系由项目建设领导小组、专家组、管理中心及各中心馆组成。

北京高校图书馆联合体，按照“资源共享、优势互补、互惠互利、自愿参加、平等协作”的原则成立，由联合体秘书处和成员馆组成。联合体秘书处设在北京邮电大学。

四家信息资源共建共享组织的体系结构如表 3−1 所示。

表 3-1 四家共建共享组织的体系结构

名称	体系结构	管理中心性质	组织性质	管理模式
CALIS	领导小组—专家委员会—管理中心—全国中心、地区中心、省中心—数字图书馆基地和成员馆	实体机构	政府资助	层级模式
CASHL	管理中心—全国中心、区域中心、学科中心——般成员馆	虚拟机构	政府资助	层级模式
JALIS	领导小组—专家组—管理中心—地区、学科中心／编目中心—成员馆	虚拟机构	政府资助	层级模式
北京高校图书馆联合体	联合体秘书处—成员馆	虚拟机构	民间自发	平行模式

在深入分析我国高校图书馆信息资源共建共享组织的结构之后，我们可以进一步探讨他们的共同点与不同点。我国的共建共享组织从性质上主要可以划分成两种，一种是政府支持下成立的，另一种是民间组织自愿自发组成的。其管理模式也可以划分成两种：层级模式和平行模式。层级模式就是由主机构到分机构，由上至下的一种结构；平行模式就是由几个地位相当的成员共同组成的结构。它们各有各的优势和缺陷。层级模式的优势在于其清晰的指挥链和责任分明的管理体系，能够确保资源共享的方向和质量。然而，这种模式可能导致决策过程较为缓慢，且下属机构可能对上级的决策缺乏足够的执行力与反馈。相比之下，平行模式由于其成员单位的地位平等，更有利于促进创新和快速响应市场变化。成员单位可以直接交流，共同解决问题，从而提高了组织的灵活性和效率。但是，这种模式也可能存在资源分配不均和协调一致性的问题。

（二）国外高校信息资源共建共享管理模式

组织结构是管理模式的一种体现，能够反映出管理模式的规律和特性，因此我们可以通过分析不同国家典型的高校图书馆信息资源共建共享管理模式的组织结构来获取改进和发展的灵感。

俄亥俄图书馆与信息网络（OhioLINK）是俄亥俄州高校图书馆和俄亥俄州董事会合作成立的。2009 年前它包括管理委员会、图书馆咨询委员会和技术咨询委员会。2009 年后它取消管理委员会，现该理事会下设 8 个委员会，分别是图书馆咨询委员会、技术咨询委员会、信息资源合作管理委员会、数据库管理与标准委员会、数字资源管理委员会、馆际服务委员会和用户服务委员会，

美国加利福尼亚大学数字图书馆（CDL）是加利福尼亚大学 11 所分校图书馆的联盟，负责各大校区的学术规划、项目协调等。它的成立是为了给该组织中成员单位提供更好的发展意见和建议，学术信息咨询委员会的成员代表基本上都来自参议院、信息教育技术部、各大高校图书馆及学术出版社。

韩国教育和研究信息服务社（KERIS）是由韩国教育部、人事部、信息通信部联合支持建立的，对应的系统是研究信息服务系统。该系统为 400 所高校和研究机构提供服务，对信息资源共建共享予以高度重视。

综上所述，国外高校图书馆共建共享组织的体系结构，如表 3−2 所示。

表 3−2　国外高校图书馆共建共享组织的体系结构

名称	体系结构	管理中心性质	管理模式
OhioLINK	俄亥俄州董事会—委员会（图书馆咨询委员会、技术咨询委员会、信息资源合作管理委员会、数据库管理与标准委员会、数字资源管理委员会、馆际服务委员会和用户服务委员会）	实体机构	层级模式
CDL	加利福尼亚大学—各分校区（管理委员会、咨询委员会、项目战略规划组织）	实体机构	平行模式
KERIS	各高校、研究机构	实体机构	平行模式

（三）我国高校图书馆信息资源共建共享管理模式的确定

从以上分析中可知，我国高校图书馆构建信息资源共建共享体系所适用的管理模式就是集中控权、分层管理的模式。这种模式不仅能够确保各成员馆之间的协调一致，还能够通过明确的责任划分和权力运用，促进资源的合理分配和利用。最高层管理机构的设立，不仅能够实现对全体成员馆的宏观指导和监督，还能够在面对挑战时迅速做出决策，确保整个系统的稳定运行和持续发展。此外，这种管理模式还能够促进信息技术的整合应用，通过数字化管理提高工作效率，实现图书馆服务的现代化。

二、高校图书馆信息资源共建共享的服务模式

（一）国内高校信息资源共建共享的服务模式

CALIS 作为我国最大的高校图书馆联盟，提供的服务种类也最多。其主要服务项目有联机编目服务、集团采购服务、馆际互借与文献传递服务、文献检索服务、资源导航服务等。联机编目服务提供检索、套录编目、原始编目、编制规范记录、加载馆藏和下载书目记录等服务，主要面向高校图书馆、职业学校及中小学校图书馆、公共图书馆、科研院所及图书流通机构。

CASHL 作为全国性的人文社科外文期刊保障体系，以全面、系统地收藏国外人文社科重点学术期刊为己任，计划购买人文社会科学引文索引（SSCI）和艺术与人文科学引文索引（A&HCI）中收录的人文社科核心期刊约 2790 种及其他期刊约 9000 种，总计约 12000 种。其服务内容主要有高校人文社科外文期刊目次数据库和高校人文社科外文图书联合目录及高校人文社科核心期刊总览的查询检索，国外人文社科重点期刊订购推荐，文献传递与馆际互借，专家咨询等。

JALIS 提供的服务主要有书目数据服务、文献检索服务、馆际互借与文献传递服务、区域流通服务。书目数据服务由四个采编中心向江苏省高校馆提供订购、编目书目数据。JALIS 的文献检索服务和馆际互借与文献传递服务主要是与 CALIS、CASHL 协同合作来满足用户的信息需求。区域流通服务是指向读者发放通用借阅证，读者持此证可以到 JALIS 中的任何一家成员馆借阅、查询文献资料。

北京高校图书馆联合体对成员馆提供的服务主要是馆际互借与文献传递服务。由于成员馆都集中在北京一座城市内，交通便利，因而馆际互借与文献传递服务以馆间互相提供免费借阅证的形式开展。各成员馆的读者凭免费借阅证可以到联合体任何一家成员馆阅览、借书，与其他馆的读者享受同等待遇。享用的资源是联合体各成员馆的馆藏。

通过比较四家共建共享服务模式情况得出以下结果。

就服务对象而言，集团用户是指该组织提供的服务主要面向图书馆或科研信息机构，只有通过这些机构作为中介，文献服务才能传递到用户手中。个人用户是指该组织可直接面向个人提供全文传递服务，不需要中介，简化了组织机构与用户的信息交流过程。由于组织建设内容的不同，其服务对象也略有不同。CALIS 提供的所有服务主要面向集团用户群即高校、科研院所和一些信息机构。CASHL、JALIS 的服务对象既面向集团用户也可直接面向个人用户。北京高校

图书馆联合体主要是直接面向个人用户提供服务。

就组织服务情况而言，现行模式包括集中服务模式和分布服务模式。集中服务模式是指共建共享组织作为一个机构，管理中心作为独立个体采用集中的方式对其成员单位提供各种服务，服务对象多为集团用户，即高校馆、公共馆及科研院所。CALIS 和 JALIS 是这种模式的代表。CALIS 和 JALIS 无论是编目数据的提供还是各类数据库向成员单位的开放使用，都由管理中心负责协商与运作，集中向成员单位提供服务。分布服务模式是指共建共享组织建立门户网站揭示其成员单位的馆藏资源，对有需求的用户分别由各成员单位自行向其提供文献传递服务，服务对象多为个人用户。CASHL、北京高校图书馆联合体都采用这种服务模式。

就服务项目而言，这些组织都提供了一些标准化的服务，特别是文献检索和文献传递这两项基础服务。而参考咨询服务则根据不同机构的特色，有着不同的形式，CASHL 便提供这种文献服务。地区性的图书馆联盟，例如 JALIS 和北京高校图书馆联合体，它们利用地理位置的优势，推出了通用借阅证和“一卡通”服务，并相互开放阅览室，在馆际互借和文献传递方面具有鲜明的特色。

（二）国外高校信息资源共建共享的服务模式

1.OhioLINK 共建共享的服务

目前 OhioLINK 仅通过成员机构的图书馆对用户提供服务，不面向州外的个人用户。其大部分资源仅对授权的教师、学生及 OhioLINK 成员机构开放，少部分资源可公开访问。支持远程访问，需要合法的用户 ID。其共享资源和服务包括图书馆目录、学术研究型数据库、电子期刊中心、数字媒体中心、电子书和电子学位论文中心。

2.CDL 共建共享的服务

CDL 提供包括联合目录、参考链接和馆际互借在内的书目服务。CDL 为加州大学联盟提供学术材料的有效存取和使用，包括期刊文章摘要和索引数据库、电子期刊、已发布的工具、参考数据库等。CDL 在自建学术性资源方面提供的具体服务包括数字特藏、数字出版、数字资源保存等。

3.KERIS 共建共享的服务

KERIS 共建共享的服务主要通过服务系统 RISS 来实现。RISS 的主要服务分为四个方面：全国资源分享、国外学术数据库服务、研究讨论会信息和研究备份。全国资源共享的资源有韩国学术期刊全文，论文全文和全国的文献传递服务；国外学术数据库服务包括联机计算机图书馆中心（OCLC）的第一检索系统(FirstSeareh)，剑桥科学文摘网络数据服务，数字化博硕士论文文摘数据库，美国计算机学会（ACM）电子期刊和会议录，以及可订购的电子论文；研究讨论会信息是指在国内外研究讨论会或学术时间的信息；研究备份是指有关国外的主要学校课程的大纲及讲座的笔记。

（三）我国高校图书馆信息资源共建共享服务模式的确定

在信息资源共享的理想模式中，一级单位和二级单位承担了信息资源建设的全部任务，因而其余众多的三级单位的工作重点应转移到用户服务上来。随着信息技术的发展，智能化信息服务将是未来信息资源共建共享服务模式的发展方向。智能化信息服务是系统接受信息用户委托检索任务后，根据应用程序和数据库管理的需要随机组合并自动执行委托任务的一种服务，无须第三方介入，信息用户也不必关心应用程序和数据库在网络上处于何种位置及什么状态。智能化信息服务具有多元化、开放性等特点，对复杂多变的信息用户更是具有快速响应能力。虽然当今的信息技术在某些方面已超过人脑在信息处理方面的能力，但在许多方面，却仍然逊色于人脑，如文字识别、语音技术、模糊判断、模糊推理等。随着智能研究理论和技术的日趋成熟，智能化信息服务模式必将逐步建立。

第三节 实现高校图书馆信息资源共建共享目标的保障

一、信息资源共建共享的技术保障

（一）信息资源共建共享对存储技术的要求

在当今这个信息量急剧增加的时代，技术的进步不断推动着新信息的增长。要想利用信息，首先就需要储存信息。每日的信息量呈指数级增长，如何有效地储存信息就成了紧迫的问题。在这方面，我们不仅要追求存储系统容量的增加，还要注重数据存储访问的效率以及信息存储的安全性和有效性。并且，随着网络技术的发展，信息的传递已经突破了时间和空间的界限，覆盖全球，这更加提高了对信息存储技术的要求。

虽然传统的存储体系结构有许多长处，但是无法满足现代的信息储存需求，为了弥补这些不足之处设计全新的存储体系结构迫在眉睫。存储区域网（SAN）、网络附加存储（NAS）、直连式存储（DAS）等是传统存储体系的主要结构。在数据集中存储管理中SAN作为全新的技术，可以充分发挥服务器的自身性能，使数据的可管理性得到加强，系统的可扩展性得到提升，数据的可访问性得到改进，成为存储技术未来的发展方向。SAN通过专用光纤通道把存储设备连接到一群计算机上，独立在以太网的网络系统以外，进而，可以无限存储的高速存储网络便形成了。在这一网络中，提供了多主机连接，通过高速的光纤作为传输媒体，以光纤通道+SCSI的应用协议作为存储访问协议，把存储子系统进行网络化，进而实现高速的共享存储。服务器的诸多处理瓶颈被SAN所消除，适合实时数据处理以及大数据量的传输，将大量数据资源的存储需求突破性地解决了。典型的SAN的应用从物理角度来讲主要由互联设备、存储设备（Storage Devices）、服务器（Servers）、用户平台（PC机等）等4个部分组成。当前出现了对象存储、NAS网间连接器、基于IP的SAN存储技术等多种新的存储技术。

全息存储技术是依据全息学的原理，将信息以全息照相的方式保存起来，它不但把物体光的强度（普通照相）分布记录下来，而且把物体光的位相分布也完整地记录下来，即记录了物体光的全部信息。全息存储技术拥有可进行并行内容寻址、快速存取、高数据传输速率、存储容量大等特点。传统的二维存储技术，如磁存储、光存储等存储技术虽然也在不断改进和提高，但是其发展空间有限。随着传统存储技术逐渐达到其物理极限，全息存储技术因其巨大的潜在市场优势而备受关注。全息存储系统的性能主要由其存储介质决定。因此，选择合适的存储介质对于全息存储系统至关重要。理想的存储介质应具有优良的光学性能、较高的动态范围、强大的光敏感性以及良好的稳定性。

全息存储系统通过采用多种复用技术，不仅显著提升了存储密度，而且提高了系统的读写速度、增强了系统的可靠性。例如，混合复用技术可以将波长复用和角度复用结合起来，进一步扩展存储容量，而位相编码则是通过改变光波的位相来记录更多的信息。有效的信号处理技术，如纠错编码和调制编码，不仅减少了误码率，还提高了数据传输的稳定性。这些技术的应用，使得全息存储系统在处理大量数据时更加高效，尤其是在需要长期存储和快速检索的场景下。同时，系统中的光电器件，如空间光调制器和电荷耦合器件，其性能直接决定了全息图像的质量和存储介质的使用寿命。因此，选择高性能的光源和光电器件对于保证全息存储系统的整体性能至关重要。

（二）信息资源共建共享对资源组织技术的要求

在数字化时代，图书馆的作用已经从传统的书籍收藏和提供借阅服务转变为提供信息资源。电子资源的广泛应用不仅提高了信息检索的效率，也使得知识传播更加便捷。如今，图书馆的重点已经转移到电子资源建设和管理上，通过整合各类数据，为用户提供了覆盖全面、内容系统的信息检索平台，让用户能够更加便捷地获取信息。

在全新的时代背景和信息共建共享的目标要求下，传统的信息组织技术暴露出了一些不足之处，无法满足时代的需求。资源的组织在数字环境中，侧重点在于知识组织，从而实现知识发现和共享。这是更高层次的信息资源共建共享，同时，全新的组织技术应时而生。以下是资源组织技术的发展中主要涉及的几个方面。

1. 知识网格技术

知识网格作为一种先进的信息技术，正逐渐成为支持复杂决策过程和知识密集型任务的关键工具。它能够根据用户的需求和环境的变化智能地调整所提供的知识服务，帮助用户进行决策、解决各类问题、实现知识的创新。通过使用语义Web技术，知识网格能够准确理解用户查询的含义并处理，提供更加精准和个性化的信息。此外，它还能促进跨学科和跨领域的协作，通过集成不同来源和类型的数据，帮助用户发现新的观点和创新解决方案。

知识网格技术促使我们开发新的知识结构，以构建广泛的知识管理平台。随着知识网格技术的进步，我们现在能够对海量文献进行信息化管理并逐渐向着“知识单元”层次的管理靠近。通过知识网格技术，我们可以按照一定的标准将零散的、存储在不同地区数据库的信息进行整合，实现知识内容的无缝连接。利用知识网格技术，各种信息能够跨越不同的知识库，按照一定的规则和分类进行连接，形成一个超越地理界限、具备高度可扩展性的庞大知识网络。这样的网络能够满足不同用户的深层次的、专业化的、个性化的资源服务需求。在这个平台上，用户可以利用各种定制化服务，从无数数据库中检索所需的知识，并通过与其他用户交流互动获取新的知识。

2. 数据库技术

数字图书馆就是互联网上的庞大数据库。在数字图书馆中对信息的统计、分析、检索、组织、存储、获取等都要依托于数据库技术。非结构化、多媒体、关系、对象等数据库技术以及数据仓库技术是主要的数字图书馆信息组织技术。数字资源的检索、信息资源标引、信息组织的标准化等问题是当前信息组织技术要攻克的难题。

至今为止，能独立完成数字图书馆中的全部信息组织功能的数据库技术还没有被研发出来，上述几种技术都有自身的特点，也处在持续不断的发展阶段。对于主要由结构化数据组成的集合，如电话目录或企业名录，关系数据库技术提供了有效的管理手段。若结构化与非结构化数据比重相近，如化学元素的各项属性的集合，非结构化数据库技术则更为适用。对于以多媒体内容为主的数据集，如图像库，采用多媒体数据库技术则更加合适。对于处理一些体量庞大的历史数据而言，数据仓库技术更加有效，它支持决策制订和数据分析等功能。加入需要处理大量不同类型的数据，面向对象的数据库技术能够从中筛选符合要求的数据，使得信息组织更加主题化，这也是数据库技术的主要发展方向。

不过，如今想要实现异构数据库的跨库检索仍需要在技术方面寻求突破。

3. 主题图技术

主题图作为一种知识组织系统，其核心在于通过一系列精心设计的节点来捕捉和表达复杂的信息资源间的关系。每个节点都代表一个主题，而这些主题通过各种类型的联系相互关联，形成一个网络，这个网络不仅能够反映出各个知识概念之间的联系，还能够指明这些概念在信息资源中的具体位置。在 XML Topic Map（XTM）1.0 规范中，这种结构被标准化，确保了主题图的互操作性和可扩展性。主题图不仅限于 XTM 格式，它还可以以 HTML 或其他符合标准的文件形式存在，或者作为内部应用以支持 XTM 处理需求。这种灵活性使得主题图能够适应各种不同的应用场景，从而成为数字化知识管理领域的一个重要工具。

主题图技术包含了提升信息检索效率的基础技术，还在此基础上进行了扩展。它融合了索引条目、参考系统和来源等概念，并将其应用于数字信息的结构化过程中。同时，主题图借鉴了词表在控制词汇方面的原则，超越了传统词表中的基本关系，提供了一种灵活的方式来定义概念之间的关系，允许用户根据特定领域的概念特性来自定义这些关系。此外，主题图还在主题分类中使用了分类表的分类思想与原则，支持根据定义不同的范围来进行不同的种类划分。通过引入出处机制，主题图将语义结构与信息资源相连，为知识管理和信息资源管理提供了新的渠道。总的来说，主题图技术在吸纳传统知识组织技术的基础上，实现了进一步的发展和创新。

主题图作为一种先进的知识表示语言，不仅仅是一种信息存储的方式，更是一种强大的知识管理工具。它通过精确的语义标记来定义和组织知识，使得知识的检索和共享变得更加高效。在主题图中，类别不仅定义了主题的本质，而且还揭示了主题之间的内在联系。关系则描述了主题之间的各种动态联系。角色定义了主题在关系中的功能，而来源则提供了关于主题信息的出处和可信度的线索。主题图具有知识表现语言的特性，其核心目标是利用计算机处理知识结构。作为一种基础的本体语言，主题图在形式化和推理方面仍有提升空间。主题图技术的另一个重要方面是其与语义网的关联。语义网强调了知识的互联互通。主题图技术借鉴了这两者的优点，旨在创建一个更加动态和互操作的知识网络。在数字时代，这种融合了多种知识组织方法的技术，为处理大规模和多源的知识数据提供了强大的支持。

（三）信息资源共建共享对访问技术的要求

信息资源共建共享体系结构研究的主要目标是如何将定义列表（DL）从集成的中央控制系统跃迁到可动态进行资源体、服务体联邦配置的虚拟组织。Web 服务、网格（Grid）技术、P2P 网络和面向服务的体系结构都促进了这场 DL 体系结构的变革。下一代松散的、面向服务的体系结构向计算机信息访问技术提出了新的挑战，这种体系结构不仅要能满足对本地文档访问和检索的要求，更要满足对 Web 上其他节点相关文档访问和检索的要求。

电子资源的有效获取对用户极其重要，随着大量的校外住户和外出交流、讲学、出差人员的日益增多，图书馆电子资源校外访问受限的问题就更值得关注，也使得校外远程访问图书馆电子资源的技术越来越受到关注。目前，实现远程访问的技术主要有两种：代理服务器（Proxy Server）和虚拟专用网络（VPN）。

代理服务器可分为网关型代理和应用型代理两种，用于远程访问的主要是后者。传统的代理技术基于浏览器进行设置，当用户访问数字资源网页时，浏览器先向代理服务器发出请求，由代理服务器取回信息并传送给用户。常用的代理软件有 Squid、ISA 等。其中 Squid 是免费软件，主要用于 Unix 系统。另一种改进的代理软件叫 EZproxy，它基于 URL 重写技术，即无需修改浏览器的设置就能使用，用户感觉透明。使用代理服务器进行远程访问的优点是具有缓冲功能，能提高浏览速度，实现起来比较简单，运行维护成本低。

VPN 在远程访问上的解决思路是用户可以在家中通过非对称数字用户线路（ADSL）、局域网（LAN）等方式接入互联网，获得公网合法地址后拨号校园网 VPN 网关的公网地址，通过构建一条用户到校园网的二层隧道，再通过 VPN 服务器给用户分配一个校园网地址来实现资源的远程访问。目前，VPN 主要分为两种：互联网安全协议（IPSec）VPN 和安全套接层（SSL）VPN。国内目前应用较多的远程访问 VPN 产品有数字图书馆远程访问服务系统（RasDL）、深信服的 Sinfor VPN、艾克斯通的 SSL Builder 等，这些产品在解决远程访问电子资源时各有其长处。信息资源滥用预警、以 Web 的系统管理为基础、绑定远程用户与计算机、用户分组与资源绑定、无缝集成等是 RasDL 的特点；完善的资源管理和用户、访问控制功能细致、认证方式多样、智能选路、USBKEY 的客户端零配置等是 Sinfor VPN 的特点；扩展适用性好、功能全面（有硬件备份和加速、安全审计、传输加密、访问控制、权限管理、身份认证等安全功能）、通用性强、无须部署客户端等是 SSL Builder 的特点。

传统文献信息资源的共建共享本质上是对其物理载体的共享，与其他物理资源的共享无异，如同人们共乘一车或共享一餐。但随着参与共享的人数增多，每个人可享用的资源量实际上是在减少的，这并未能有效发掘信息资源的共享潜力。然而，数字化和网络技术的进步为信息资源共建共享提供了新的可能，使得信息资源可以由一个主体开发，多个主体共享其价值，这一变革为图书馆信息资源共建共享的实践提供了强大推动力。

二、信息资源共建共享的制度与法规保障

（一）知识产权保护制度

知识产权保护制度的核心宗旨是确保创意工作者能够合法地享有其智力劳动成果的权益。图书馆致力于实现信息资源的最优化利用，通过共建共享机制，极大地促进用户对图书馆丰富资源的访问和使用。这样的目标不仅促进了知识的传播，也保障了创作者的合法权益，实现了资源共享与个人贡献之间的平衡。在此过程中如何规避知识产权法的侵权风险，协调两者之间的关系是信息资源共建共享发展过程中必然面对的问题。

知识产权保护在共建共享的背景下，尤其强调了版权的重要性。早在 18 世纪，英国就实施了世界上首个版权法，赋予作者和购买者对其图书的有限期权利。随着技术的进步，版权保护范围已经扩大到了电子书籍和网络内容。如今，在网络时代，网络数据库和多媒体作品的版权保护已成为版权法的新领域。

在提升知识产权法律意识和加强教育的同时，监控实施流程并采用先进技术手段进行保护是必要的。然而，更关键的是对现行知识产权法进行修正完善，以

及在信息资源共建共享过程中最大限度地避免出现知识产权的相关问题。因此，以下几点对策值得考虑。

首先，图书馆可以尝试寻求与出版社合作的机会，避免版权纠纷。在版权保护的强势背景下，出版社拥有一些书籍资源的使用权，图书馆可以通过购买使用权或按比例支付版税的方式来合法使用作品。这样图书馆就能利用出版社的专业优势以及资源优势为自己提供优质的、丰富的文献资源，减少资源获取所需费用的支出；而图书馆则可以通过建立数据库并提供资源浏览、传输等服务来宣传出版社及其作品，增强出版作品的市场影响力。例如，超星数字图书馆与北京大学出版社合作，利用其提供的精选题材和经济授权，丰富了自己的信息资源库。这种合作不仅促进了超星数字图书馆的发展，也通过网络平台的推广提升了北京大学出版社及其作者的影响力，为北京大学出版社及其作者增加了收益。

其次，在信息时代，知识产权的立法和执法显得尤为重要。著作权法作为保护文化成果共享的重要法律，需要不断地被修订和完善，以适应科技发展的步伐。图书馆作为知识传播的重要场所，其在图书馆法的制定过程中应当积极争取著作权法规定的法定许可权。法定许可权意味着如果对作品的使用超出了合理的范围，可以在使用时不经过版权所有者的同意，不过在之后需要依法向版权所有者支付一定的费用，这将版权的某些绝对权利转变为相对权利，以实现合理使用的目的。鉴于版权领域面临的新问题，学界认为图书馆应更广泛地享有法定许可权，以促进知识的自由流通和社会的整体进步。

最后，把握好著作权法中所说的合理使用的度。国际上使用的各种著作权法中都有对版权合理使用的相关规定，其含义就是在特定情况下，社会上的个人或者机构可以在未经版权所有者同意的情况下免费使用作品，但是这种使用是有限制的。事实上，小到我们每个人在转发一条新闻时的几句评论，大到博物馆为更好地保护馆藏对其进行的复制、拓印，著作权的合理使用无时无刻不在我们身边发生。

在第十三届全国人民代表大会常务委员会第二十三次会议之后修正的《中华人民共和国著作权法》第 24 条规定："在下列情况下使用作品，可以不经著作权人许可，不向其支付报酬，但应当指明作者姓名或者名称、作品名称，并且不得影响该作品的正常使用，也不得不合理地损害著作权人的合法权益：（一）为个人学习、研究或者欣赏，使用他人已经发表的作品；（二）为介绍、评论某一作品或者说明某一问题，在作品中适当引用他人已经发表的作品；（三）为报道新闻，在报纸、期刊、广播电台、电视台等媒体中不可避免地再现或者引用已经发表的作品；（四）报纸、期刊、广播电台、电视台等媒体刊登或者播放其他报纸、期刊、广播电台、电视台等媒体已经发表的关于政治、经济、宗教问题的时事性文章，但著作权人声明不许刊登、播放的除外；（五）报纸、期刊、广播电台、电视台等媒体刊登或者播放在公众集会上发表的讲话，但作者声明不许刊登、播放的除外；（六）为学校课堂教学或者科学研究，翻译、改编、汇编、播放或者少量复制已经发表的作品，供教学或者科研人员使用，但不得出版发行；（七）国家机关为执行公务在合理范围内使用已经发表的作品；（八）图书馆、档案馆、纪念馆、博物馆、美术馆、文化馆等为陈列或者保存版本的需要，复制本馆收藏的作品；（九）免费表演已经发表的作品，该表演未向公众收取费用，也未向表演者支付报酬，且不以营利为目的；（十）对设置或者陈列在公共场所的艺术作品进行临摹、绘画、摄影、录像；（十一）将中国公民、法人或者非法人组织已经发表的以国家通用语言文字创作的作品翻译成少数民族语言文字作品在国内出版发行；（十二）以阅读障碍者能够感知的无障碍方式向其提供已经发表的作品；（十三）法律、行政法规规定的其他情形。前款规定适用于对与著作权有关的权利的限制。”

在信息资源共建共享的过程中，资源数字化本质上就是对作品的复制，不过，当此行为是为了提供服务且没有以获取商业利益为目的时，它可以被认为是合理使用的一部分。实际上，有许多作者愿意无偿地将他们的作品提供给数字化信息资源共享平台，以便作品能够得到更好的宣传和推广。然而，如果作者明确表示不允许其作品被上传到网络，那么图书馆就无权对其进行数字化并发布。这是在信息资源共享和数字化过程中尊重版权的基本原则。

（二）信息法法规保障

在知识经济时代，信息资源已成为最宝贵的资产之一。它不仅是知识生产和创新的基石，也是现代社会运作的核心。信息资源的共享性质促进了知识的迅速传播和智慧的集体积累，从而加速了科学技术和社会文明的进步。然而，信息资源的共享并非没有界限。自然信息资源，如气象数据或地理信息，通常是无条件共享的，因为它们是由自然界提供的。相比之下，社会信息资源，如政府统计数据或学术研究成果，往往涉及隐私、版权和信息安全等问题，因此其共享通常是有条件的。

有偿共享和无偿共享是社会信息资源共享的两种主要形式。有偿共享意味着信息的使用者需要支付一定的费用来获取信息，这种模式可以保证信息提供者的经济利益和信息的持续生产。无偿共享则是基于公共利益的考虑，允许社会成员免费访问和使用信息资源，这有助于减少知识鸿沟，促进社会公平。

信息法旨在规范信息活动中的社会关系，确保信息资源共享的合理性和安全性。它通过明确信息权利和责任，解决信息共享过程中可能出现的利益冲突和风险问题。信息法对信息资源的有偿共享和无偿共享产生了重要影响。下面我们将对这种影响进行深入分析。

首先，信息法对信息资源有偿共享的影响。第一，它为信息资源的共享提供了法律基础，确立了信息共享的合法性。这种法律确认不仅增强了信息共享主体的信心，还促进了信息资源的流通和利用。第二，信息法通过明确共享主体的法律地位，为信息资源的所有者和使用者界定了明确的权利和义务。这有助于避免在共享过程中产生权利冲突，从而保护信息资源所有者的合法权益。第三，信息法还规定了信息资源共享的经济规则，如有偿共享的价格标准和支付方式，这对于建立公平的市场交易环境至关重要。通过规范这些经济活动，信息法还能有效地解决因信息资源共享而引发的经济纠纷。

其次，信息法对信息资源无偿共享的影响。一是保障公民的信息自由权，信息自由权是指公民在不违反法律的前提下，有获取、使用、传播信息的权利。信息法通过明确这一权利，促进了信息的开放和共享，提高了社会的信息透明度。二是保护消费者获取信息的权利。保护消费者获取信息的权利意味着消费者可以更加便捷地获取所需信息，这不仅有助于消费者做出更加明智的消费决策，也推动了市场经济的健康发展。

最后，信息法对信息资源安全共享的影响。信息法确立了一套法律法规，以确保信息资源在共享过程中的安全性。这些法律框架可以对信息资源共享过程中的各种行为进行规范，确保信息的完整性和保密性。此外，信息法还强调了信息资源共享的透明度和公平性，确保所有利益相关者都能在公平的基础上访问和利用信息资源。

信息法的作用就是对信息资源共享的一些规范、规则、流程、细节等进行强制规定，是对其秩序的维护。秩序是与混乱状态相对立的。信息法对信息资源共享起到了规范和促进的作用。

从动态角度讲，信息资源共享的法律秩序的形成不仅是一个动态的过程，更是一个复杂且多维的社会现象。在这个过程中，信息的流动和交换成为构建法律关系的基石。随着信息技术的飞速发展，信息社会的边界不断扩展，人们在虚拟空间的信息行为日益增多，这些行为涉及个人隐私、知识产权、数据安全等多个层面，这对现有法律体系提出了新的挑战。信息法律体系的确立，不仅需要法律文本的规定，更需要于法律实践中的解释和适用。信息法律秩序的形成，是一个不断演进的过程。在这个过程中，法律的强制性不应被视为一种单向的压制力量，而应是一种旨在维护社会公共利益、促进信息自由流通和公平使用的正面力量。

从静态角度讲，信息法在确保信息秩序方面发挥着不可或缺的作用。通过对信息活动的规范，信息法不仅促进了信息的自由流通和信息技术的健康发展，还提供了信息安全和网络安全的法律保障。此外，信息法还关注个人隐私权的保护，防止个人数据被滥用。随着信息技术的快速发展，信息法也在不断地更新和完善中，以适应新的挑战和需求。例如，针对大数据、云计算、人工智能等新兴领域，信息法制定了相应的法律规范，以确保技术创新与个人权利保护之间取得平衡。

不过，从某种角度讲，信息法也是对信息资源共享的制约，这种制约表现在自由性、社会性、经济性等方面。

第四章　高校图书馆信息资源的检索、利用与阅读推广

在高等学校里，在学生的学习活动中，图书馆具有重要的地位和作用。教室是同学们的第一课堂，图书馆则是同学们的第二课堂。学生不仅要在课堂上通过老师的指导学习，更应利用图书馆的资源进行自我教育，结合自己的兴趣和职业规划，广泛阅读各类书籍和期刊，从中吸取知识的精华，拓宽知识的深度和广度，促进智力的发展。本章主要介绍了高校图书馆信息资源的检索、高校图书馆信息资源的利用、高校图书馆信息资源的阅读推广。

第一节　高校图书馆信息资源的检索

一、信息检索概述

（一）信息检索的概念

有关信息检索的定义，目前国内外有不同的表述。归纳起来，代表性的定义有以下几种。

1. 信息检索过程说

《图书馆学百科全书》认为，信息检索是“知识的有序化识别和查找的过程。……广义的情报检索包括情报的存储与检索，而狭义的情报检索仅指后者”[①]。中国国内许多有关情报检索或信息检索的教材、工具书采用此说或在此基础上加以发展。例如，武汉大学《信息检索》教材就认为信息检索是从任何信息集合中识别和获取信息的过程及其所采取的一系列方法和策略。从原理上看，它包括存储与检索两个方面。该定义基本采取第一种说法，但加了“一系列方法和策略”。

① 李东林．大学图书馆建设与利用［M］．郑州：河南人民出版社，2007.

2. 全息检索说

全息检索就是可以从任意角度，从存储的多种形式的信息中高速准确地查找，并可以任意要求的信息形式和组织方式输出，也可仅输出人们所需要的一切相关信息的电脑活动。这里强调的是“任意”“多种形式”，且必须由计算机来完成。

3. 概念信息检索说

概念信息检索是基于自然语言处理中对知识在语义层次上的析取，并由此形成知识库，再根据对用户提问的理解来检索其中的相关信息。它用概念而不是关键词来组织信息，它与传统文献检索的区别在于，后者是基于关键词、主题词为核心的标引与检索。尽管关键词、主题词可以表示信息的概念和内容，但是，在很多情况下并不能确切概括，因此常造成误检与漏检。

4. 有序信息检索说

信息检索就是从海量文本、音视频等信息中利用各种检索方法筛选并组织与检索关键词、主题词相关的信息并呈现给用户，为其提供详细了解信息入口的过程。信息检索主要包括存储和检索两大部分内容，这两者是不可分割的。显然，这个定义是在吸收了上述各种定义合理内核的基础上，根据信息检索最新发展情况得来的，它具有较大的包容性和发展空间。

（二）信息检索的类型

为便于理解信息检索的概念，可以根据不同的标准，将信息检索区分成各种类型。

1. 按检索内容分

（1）数据信息检索

数据信息检索是将经过选择、整理、鉴定的数值数据存入数据库中，根据需要查出可回答某一问题的数据的检索。数据信息检索的对象可以是各种类型的数据。通过这个过程，系统可以为用户呈现有条理的、系统的、综合性的量化信息，帮助用户进行分析和决策。例如，它可以回答“9·11 事件前美国纽约世贸大厦有多高？”“2001 年中国经济增长率是多少？”之类的问题。

（2）事实信息检索

事实信息检索是将存储于数据库中的关于某一事件发生的时间、地点、经过等情况查找出来的检索。它既包含数值数据的检索、运算、推导，也包括事实、概念等的检索、比较、逻辑判断。例如，数据库中存储的信息有如下事实：张三是A校的学生；A校的学生都学《信息检索导论》课程。那么，该检索系统能够回答用户提出的“A校的张三学《信息检索导论》课程吗？”这种问题。事实信息检索比数据信息检索复杂。

（3）文献信息检索

文献信息检索是将存储于数据库中的关于某一主题文献的线索查找出来的检索。它通常通过目录、索引、文摘等二次文献，以原始文献的出处为检索目的，可以向用户提供有关原文献的信息。例如，它可以回答“近年来国内外有关图书情报学的专著和论文有哪些？”的问题。正因为如此，有些人又称它为“书目检索”。

2.按组织方式分

（1）全文检索

全文检索是将存储于数据库中整本书、整篇文章中的任意内容信息查找出来的检索。它可以根据需要获得全文中有关章、节、段、句、词等的信息，也可进行各种统计和分析。例如，它可以回答“《红楼梦》一书中‘林黛玉’一共出现多少次？”的问题。

（2）超文本检索

超文本检索是对每个结点中所存信息以及信息链构成的网络中信息的检索。它强调中心结点之间的语义连接结构，靠系统提供的复杂工具进行图示穿行和结点展示，提供浏览式查询，可以进行跨库检索。

（3）超媒体检索

超媒体检索是对存储的文本、图像、声音等多种媒体信息的检索。它是多维存储结构，有向的链接，与超文本检索一样，可以提供浏览式查询和跨库检索。

3.按检索设备分

（1）手工检索

手工检索是人直接用手、眼、脑组织，查找印刷型文献的检索。其优点是直观、灵活，无需各种设备和上机费用仍然可用。但查找较复杂、较大课题的资料信息时，费时费力，效率不高，有的甚至无从查找。

（2）机器检索

机器检索，又称计算机检索，是通过机器对已数字化的信息，按照设计好的程序进行查找和输出的过程。按机器检索的处理方式分，又有脱机检索和联机检索；按存储方式分，可有光盘检索和网络检索。机器检索不仅大大提高了检索效率，还拓展了信息检索领域，丰富了信息检索的研究内容。

二、信息检索语言

（一）检索语言概述

1. 检索语言的定义

检索语言是组织文献与检索文献所使用的语言。也就是说，文献存储时，文献的内容特征（如分类、主题）和外表特征（如书名、刊名、名、号码、著者等）按照一定的语言来加以描述，检索文献时的提问也按照一定的语言来加以表达，这种文献的存储和检索过程中，共同使用、共同理解的语言就是检索语言，它是根据信息检索的需要而创造的人工语言，是经过规范化的人工语言。

2. 检索语言的种类

检索语言就其描述有文献外表特征语言、文献内容特征语言两大范畴。这两大范畴的语言又可细分为若干具体的语言。

文献外表特征语言，又称书目引文语言，是文献上标明的、显而易见的特征，如题名、著者姓名、文献序号等作为文献的标识和检索的依据，供人们进行标引和检索。它们具有内容上的客观性和唯一性。文献内容特征语言与文献外表特征语言相比较，在揭示文献特征与表达信息提问方面，具有更大的深度，在用来标引与检索时，更需要依赖标引与使用规则，远比文献外表特征语言复杂。因而，文献内容特征语言是文献信息检索的重要语言，同时，也应承认文献外表特征语言也是检索语言的一个重要组成部分。

检索语言的三个基本要素：一是有一套用于构词的专用字符。二是有一定数量的基本词汇用来表达各种基本概念。三是有一套专用语法规则来表达各种复杂的概念标识系统。字符是检索语言的具体表现形式，它可以是自然语言中经过规范化处理的一系列名词或名词性词组，包可以是给以特定含义的一套数码、字母或代码。基本词汇是指组成一部分类表或次表中的全部检索语言标识之总汇，如分类号码的集合就是分类语言的词汇。分类表、词表等也可以说是检索语言的词典，是把自然语言转换成检索用语的工具。

（二）分类检索语言

1. 分类检索语言的基本概念

分类检索语言是用分类号来表达各种概念，将各种概念按学科性质进行分类和系统排列。它以科学分类为基础，结合文献的内容特征，运用概念划分的方法，按知识门类的逻辑次序，从总到分，从一般到具体进行层层划分，产生许多不同级别的类目。这些类目共同构成一个严格有序的等级结构体系。

国内比较典型的分类法有《中国科学院图书分类法》《中国图书馆分类法》《中国人民大学图书分类法》等。

国外常用分类法有《杜威十进制图书分类法》《国际十进制分类法》。

2. 分类法的基本结构

分类法一般由编辑及使用说明、索引、分类表三部分组成。编辑及使用说明为了解和掌握分类表提供了指导。索引则是使用分类表的辅助工具。分类表是分类法的主体，是我们分类文献资料的主要依据。因此，我们重点介绍分类表的结构。

（1）基本部类

基本部类是分类法类目表中最先确定、最概括、最本质的类目。

（2）基本大类

基本大类是在基本部类的基础上进一步展开而形成的。基本大类构成分类表的第一级类目。

（3）简表

简表是整个分类法的基本类目表的，一般由基本大类划分出来的二、三级类目的基本大类构成。

（4）详表

详表是整个分类法的正文，亦称为主表，由所有不同级类目构成。

（三）主题检索语言

分类法是以科学体系为基础，将号码作为概念标识，按分类编排的检索语言。相对于分类法而言的主题法，则是利用词语来表达文献的主题概念，并按词语顺序组织文献的检索语言。在主题法中，不但对词所采取的规范化措施有所不同，而且选词原则、编制方法及使用规则也都有很大差异，因此，主题法有多种类型。

主题语言是一种选自自然（规范化）的直接性的检索语言，它包括两个内容：一是指表达文献内容特征的、经过规范化了的名词术语（包括词组和短语）；二是指把这些名词术语按顺序排列成主题记号表或标题词表，以此作为规范词标引和检索文献的工具。

把主题按照一种便于检索的方式编排起来，就是主题词表，它是主题标引的主要工具。主题词表揭示和处理了标引与检索提问中有可能出现的各种同义词、近义词、反义词之间的语意关系，展示同一族系中各主题词的语意等级结构，限定了较含糊的主题词的含义或确定其意义与范围。一部主题词表通常包括字顺表、范畴表、词组表等几个部分，从而提供了按字顺、学科专业、等级结构等多种不同角度查找的途径。

由于主题词表列举的概念标识数量较多，多数标识的直接范围较窄，所以利用主题词表检索文献具有专指度高的特点。而且同一篇文献可用多个主题词来标引，因此扩大了检索途径。

主题语言分为标题词语言、单元词语言、叙词语言和关键词语言。

1. 标题词语言

标题词语言是以标题词作为文献内容标识和检索依据的一种检索语言。所谓标题词，是从文献内容或题目中抽选出来，经过规范化处理，用来表达文献或涉及主题的词和词组。标题词语言的基本构成单元是主标题、副标题和说明语。它是一种先组式语言，即在检索前已经固定好组配关系，检索时按既定组配执行。标题词语言有较好的通用性、直接性和专用性，但灵活性较差。

2. 单元词语言

单元词语言是在标题词语言基础上发展起来。它不选用词组或短语去表示复杂概念，而用不能再分解的概念单元的规范化名词，并通过若干个这种名词的字面组配去表达文献的复杂概念，其组配方式为后组式。例如，对于“公路桥梁”这一概念，按单元词的做法是通过“公路”和“桥梁”这两个单元组配起来表达该概念，而标题词则直接选用“公路桥梁”这个词表达它。随着科学技术的不断发展。各种表达文献字题概念的复合概念逐渐产生，单元词语言已不能适应文献信息检索的需要，因此，它已被先进的叙词语言所取代。

3. 叙词语言

叙词语言也是规范化的名词作为基础的主题语言，其基本成分是叙词。叙词的概念性更强，规范化程度更高。叙词语言同样具有组配性，属后组式但它的组配是概念组配。

叙词语言是多种检索语言的原理和方法的综合，它不仅采用了组配分类语言的概念组配，编制了叙词分类索引（范畴索引）和等级索引（词族索引）还采取了标题词语言的优点，编制了参见著录项目，因此，叙词语言不但适用于手工检索，也特别适用于计算机检索。由于叙词语言采取了多种检索语言的长处，所以它具有良好的检索功能。

4. 关键词语言

关键词语言是一种用于文献检索的工具，它由文献标题、正文及摘要中提取的有意义的词汇组成，排除了如冠词、介词和副词等功能词。这些关键词被提取出来，按照一定的顺序排列，作为检索和识别文献的标记。几乎所有的检索意义的信息单元都可以制作关键词。标引文献时根据文献内容选择恰当的词汇进行组配，以表达文献的内容特征。关键词语言适用于计算机编制各种索引。

目前，国际互联网上许多搜索引擎用的就是关键词。由于关键词语言是一种未经优选和规范化的自然语言，检索用词不十分规范，因此可能会造成文献的漏检或错检。

第二节　高校图书馆信息资源的利用

一、高校图书馆的综合利用

高校图书馆的综合利用对于个人成长至关重要。历史上许多伟人都从图书馆中获取了大量知识并强调了图书馆利用的意义，如亚里士多德（Aristotle）、达·芬奇（Da Vinci）、马克思（Marx）、毛泽东等。马克思正是在大英博物馆图书馆进行了长时间的阅读和研究才著成了《资本论》，在图书馆研究的过程中，他阅读了大量经济、文化、发展史等领域的书籍。正如列宁所指出的那样，《资本论》不是别的，正是把堆积如山的实际资料总结为几点概括的、彼此紧相联系的思想。列宁也曾广泛利用国内外图书馆资源，他阅读马克思和恩格斯的著作正是发生在瑞士和巴黎的图书馆中。为了更深入地了解帝国主义，他多次搬家，到收藏有相关著作的图书馆的所在地居住。中国共产党的早期领导人李大钊和毛泽东也曾在图书馆工作并学习。青少年时期，毛泽东经常到湖南省湘乡市东山学校后斋的藏书楼以及湖南第一师范图书馆中阅读学习。这段经历对于他来说十分宝贵，也是他积累知识、开阔眼界的重要契机。如今，集合了各种文献资源和网络资源的图书馆更是成了知识信息的枢纽，因此作为新世纪的高校学生就更要全面了解图书馆的资源和服务、合理利用这些宝贵资源。

（一）图书馆各部门与读者的关系

1. 采访部门与读者的关系

图书馆的采访部门负责根据馆藏发展计划精心挑选和获取文献资源，以构建高品质的馆藏资源库，确保资金的有效利用。这一部门的核心职责包括采购新文献，与其他图书馆交流、互换资源，征集新资源，对新入馆资源进行检验、记录，建立采购账目等。虽然采访部门并不直接面向读者服务，但其工作成果对读者的影响很大，部门管理图书所使用的自动化系统模块也可以为读者提供便利。

图书馆自动化管理系统的采访模块是一个开放和网络化的系统，能够满足各类型图书馆的多样化资料采访工作需求。它的功能主要包括维护征订目录、发布征订文件、订购图书资源、核查是否有资源重复问题、资源交互、接受图书捐赠等，还涉及相关的财务、统计工作。

维护征订目录的主要功能包括将出版发行者提供的即将出版或已出版的新书信息转入本系统（也可以手工方式自行组织征订目录），并对这些征订数据进行维护，如浏览、查询、增加、修改、删除、输出整个征订目录及其明细。当征订目录数据转入本系统后，读者即可通过本系统的网上公共服务系统对征订截止日期前的征订目录进行推荐订购（超过征订截止日期的征订书目，在 OPAC 的 WEB 页上不再显示）。这种荐购功能是图书馆采购人员与读者沟通的桥梁，也直观体现了读者的需求，图书馆借此修改自己的采购计划，提高自己的馆藏质量。

当然，在传统模式工作状态下的图书馆，通常通过人工征求意见，专家荐书，以达到提高馆藏质量的目的。

2. 编目部门与读者的关系

编目部门的主要工作是负责文献的分类、著录和加工整理；组织各种目录，建立合理的目录体系；编制新书通报；打印财产账本；将新到馆的图书进行调拨分配后，转至流通部门、阅览部门，供读者利用。

虽然编目部门是不直接接触读者的二线部门，但其工作与读者检索文献有着必然的联系。编目工作是图书馆进行馆藏建设、开发和利用馆藏文献资源的重要环节，通过这项工作，每种文献都可以得到多种反映，并为读者提供若干检索途径。因此，编目部门的工作水平直接关系到馆藏文献的揭示深度和广度，也就直接关系到读者检索文献的程度。

另外，由于编目部门拥有全馆最为完整的目录体系，所以可以为有特殊需求的读者提供多种途径的查询服务。而且，随着计算机及网络技术在图书馆中的应用，编目工作也由手工编目转化为计算机编目，传统的卡片检索已逐渐被计算机终端所取代，读者检索馆藏文献更加快捷、方便。目前，许多图书馆都加入了联机编目网络，各馆通过与书目中心的数据交换完成联机编目，并形成多馆联合书目体系，这就大大地提高了书目数据的质量，实现了书目资源共享。对于本馆没有的文献，在本馆读者需要时，可以通过联机网络查询，并实现馆际互借。

3．流通部门、阅览部门与读者的关系

流通部门、阅览部门是图书馆工作的最前沿。它面向读者，是读者利用图书馆的窗口。图书馆的各项工作是通过流通部门、阅览部门展现给读者的。读者在利用图书馆的过程中对图书馆工作会做出相应的反应，有感激、有意见、有评价、有要求。这些反应通过流通部门、阅览部门反馈到图书馆，成为促进图书馆各项工作协调发展的原动力。所以流通部门、阅览部门是连接图书馆与读者的桥梁和纽带。

流通部门的主要工作是负责读者登记、办理图书借还手续、开展馆际互借、组织管理流通书库和读者统计工作。

流通部门是图书馆与读者互动最频繁的部门。在这里，读者可以轻松地获取所需的书籍，在寻找或借阅过程中遇到难题时，都可以即刻向图书馆工作者寻求帮助。在这里，读者还可以通过口头或书面方式，提出自己的疑问、意见或建议。读者借阅书籍、还书也需要通过这个部门的工作人员完成手续。此外，流通部门的工作人员还需要对馆藏资源有充分的了解，了解新购入的书籍、常被借阅的书籍以及各专业经典书籍的内容，为读者提供借阅指导，还要多于读者沟通，了解读者的意见与建议，掌握服务质量的改进方向，最终实现资源利用最大化的目的。

阅览部门的主要工作是负责组织管理文献的室内阅览、读者阅读指导和开展导读工作。

阅览部门是另一个读者接触较多和较为熟悉的部门。读者在这里对不能借回去看的书、刊、报等文献进行馆内阅览，在阅览过程中遇到问题可以及时向工作人员寻求帮助。读者对图书馆工作的意见或建议可以在此向工作人员提出。阅览部的工作人员除完成一般的读者接待工作以外，还应经常组织一些专题报告会、读书体会座谈会等宣传活动，充分宣传馆藏，尽可能发挥馆藏文献的作用。还要认真做好文献使用及到馆读者登记统计和分析工作，了解读者需求，随时掌握文献阅读动态和利用效果，以便根据读者需要调整阅览室的构成、文献的布局等。

4．信息咨询部门与读者的关系

信息咨询部门的工作包括图书馆特色馆藏的开发和利用；馆藏音像视听资

料、多媒体资料和网络资源的管理和使用；结合本馆实际编制专题索引和文摘；接受读者咨询和进行文献导读；负责图书馆网上资源的开发与读者辅导。

信息时代，读者对图书馆的信息需求愈来愈大、服务水平要求愈来愈高。随着计算机技术、通信技术和存储技术的发展，图书馆中各类音像视听资料、多媒体资料、网络资源越来越丰富，电子阅览室、多媒体阅览室的利用率也越来越高，读者与信息咨询部门之间的关系也越来越密切。读者在这里可以阅览各类音像视听资料、光盘资料，可以查看图书馆自己的特色馆藏，如各种文献资料的二次文献、三次文献、硕博论文的题录等，可以上网查询任意想了解的信息。信息咨询部门一方面要满足读者对上述文献的阅览需求，另一方面还要对各类文献做深层次的加工，如编制专题索引、文摘、综述等。此外还要进行文献导读和读者教育工作，如某些网上资源查询的读者培训，帮助读者掌握使用图书馆资源的方法等。

5. 技术服务部门与读者的关系

技术服务部门负责图书馆自动化管理系统的管理、维护和升级，以及图书馆电子资源的安装维护。

技术服务部门是现代化图书馆的技术保障部门，随着图书馆管理现代化水平的不断提高，技术服务部门的工作越来越受到重视。技术服务部门主要负责图书馆计算机系统、网络设备和业务管理系统的管理与维护，同时结合自身的技术优势，开办介绍图书馆网上资源的专题讲座或演示会，以促进图书馆资源的利用。

（二）图书馆信息资源的综合利用

当学生走入大学校园，迎接他们的是陌生的学习和生活环境。高校要求学生具有学习自主性，掌握一定的自学能力，因而学生需要掌握自己搜索参考资料巩固所学知识的能力，学会使用图书馆信息资源是十分有必要的。

1. 新生对图书馆信息资源的综合利用

每年都会有大批新生涌入高校，他们对学校充满了新鲜感，其中图书馆便是他们探索的新领域之一。虽然高校图书馆通常会为新生提供使用指导的讲座或课程，不过理论知识学习往往不能让学生真正掌握这些技巧。因此，新生应当积极了解图书馆、了解其藏书情况、掌握资源检索访问的方法并尝试使用图书馆的各项服务。初入大学时往往会有一段相对轻松的时间，这是一个宝贵的机会，学生应充分利用这段时间来丰富自己的知识储备，为未来的学术研究做好准备。

作为新生，要根据自己的专业、爱好、特长、性格等特征来制订学习计划和成长规划，这个规划应当包含知识结构、成长目标、职业愿景等。按照这个计划，学生应当规划好自己的时间，有目的、有计划地学习和积累知识，保证全面、系统地学习知识。

学生要有效利用自己的时间。大学生涯有限，因此学生在制订学习计划时要充分了解不同学习阶段的特征，在此基础上合理规划。

学生在全面提升个人能力的同时，要有意识地锻炼自己的特长和专业技能，为今后步入职场打下基础。对于新生和低年级的学生而言，推荐的阅读材料包括杰出人物和成功者的自传、世界各国的经典文学作品、历史文学、科普读物，以及能够支持基础课程学习的各学科参考书等。

2. 学习专业课后对图书馆信息资源的综合利用

大二大三阶段，学生将接触大量专业课程。这一阶段，学生利用图书馆信息资源的主要目的就是学习专业知识。

大学图书馆的藏书系统是其学术资源的核心，其中广泛收集了与本校各专业相关的各类学术文献资源，内容完整、系统。这些藏书不仅包括学科理论和重要学术作品，而且还包括教学参考书和外语出版物。随着时间的推移，这些藏书经过精心的筛选、补充，构建了一个有序的体系。这一体系使学生能够便捷地获取本专业领域的基础知识、历史发展、国际研究趋势、最新研究成果等相关信息。因此，高校图书馆是学生学习和研究的宝贵资产，对于他们吸收课堂知识和拓宽学术视野都至关重要。

为了实现全面发展，学生经常需要参加各类资格证书考试。通常，高校图书馆会提供相关的书籍和资料，并且配备了必要的设施。例如，如果想要学习外语，就可以使用图书馆的语音室或者视听室来学习专门的音频资料，练习听说能力。通常高校图书馆还配有多媒体阅览室或电子阅览室等。学生可以充分利用这些资料和设备准备相应的考试。

为了让学生了解本校的图书馆，很多高校都会开设文献检索课程，让学生掌握相应的技能、技巧。这门课程能够培养学生的信息意识、让学生学会文献检索技巧、提升学生的科研能力。通过学习文献检索的知识，学生可以在图书馆中将理论知识应用于实践，同时，他们也能通过快速且准确地检索、阅读大量文献资料来加深对自己专业领域的理解，从而激发对科研的热情，并为将来的研究工作积累宝贵的资源。

在这一阶段，学生适合阅读的文献资源包括本专业的各类具有权威性的专著、论文和教材等，此外，学生也应该关注领域内的一些观点、内容新颖的著作。

3. 科研各阶段对图书馆信息资源的综合利用

学生经常需要参加不同的科研工作，想要顺利、圆满地完成一次科研活动，撰写出出色的论文，就需要利用好图书馆的各种资源。

（1）选题阶段对图书馆的综合利用

选题是科研活动的开始，恰当的选题对最后的科研成果有决定性作用，因此学生应当利用图书馆资料选择一个科学、实用且具有创新性的课题。

在选择课题时，除了以上要求之外，还要对该领域的研究水平、内容等有全面的了解，这样才能发现新的研究方向。

（2）文献调研阶段对图书馆的综合利用

所谓文献调研就是指广泛搜集与本课题相关的文献资料，这对后期的研究十分重要。而实现这一目标的主要方式就是通过图书馆获取文献资源。

（3）写作过程中对图书馆的综合利用

虽然在研究前期经收集了很多文献资料，但是在撰写论文的过程中，学生依然可能遇到新的问题，因此仍需查阅资料。这时学生搜集资料的需求就更加明确、更有方向性。

（4）发表前对图书馆的综合利用

研究工作完成之际，学生通常会以论文或其他形式呈现研究成果。而这些论文等多数会被投到各学术期刊处，以期能够发表。为了提高发表成功率和发表级别，学生需认真分析专业期刊中已发表的类似文章。此外，许多期刊都会刊登不同类型的征稿启事，这为研究成果的发布提供了良机。通过图书馆期刊文献关注这些信息是非常有必要的。

4. 毕业班对图书馆信息资源的综合利用

在大学生涯的最后阶段，学生的思想越发成熟，也拥有了更多能够自由支配的时间。此阶段，课业负担减轻，学生专注于撰写毕业论文和规划职业道路。毕业论文不仅是学生展示专业知识掌握程度的载体，也是对特定学术议题深入探讨的方式。毕业论文对毕业和学位授予有着决定性影响，因此必须严肃对待。在选题、研究、撰写及答辩的过程中，有效利用图书馆资源至关重要。

步入新时代，社会不仅需要高水平的专业人才，也需要那些具备跨学科知识和多样技能的复合型人才。学生应该抓住毕业阶段相对宽裕的时间，主动充实和提升自己，利用图书馆中的各种资料有计划地锻炼和培养各项能力，为自己今后的职业生涯增添助力。

二、网络环境下大学生对图书馆信息资源的利用

随着技术的不断发展，网络对人们日常生活、学习和工作的影响也越来越深刻。最近几年，移动网络技术的飞速发展极大地优化了我们获取信息的方式。只要在手机信号能够覆盖的地区内，人们就能通过智能手机轻松接入互联网，获取自己想要的信息。这项技术的普及使得大学生能够不受时间和地点的束缚，随时利用图书馆资源。而且他们不仅可以使用所在学校的图书馆资源，还能通过电脑和手机网络访问国内外其他图书馆的信息资源库。

（一）网络环境下图书馆的特点

1. 图书馆的馆藏更加数字化、多元化

自古以来，图书馆就是知识与信息存储、交流的核心机构。随着信息技术的飞速发展，人们接触信息的方式变得越来越多样化，同时信息的表现形式和存储方法也日益丰富。这些变化为图书馆的进步带来了前所未有的挑战。智能移动设备的普及、网络世界的形成和发展以及数字技术在信息存储等方面的应用，这些都深刻地改变了我们的信息获取行为，并推动了知识生态的演进。在满足用户多元化需求方面，传统的大学图书馆服务模式已不再适应。因此，出现了一种以用户需求为中心的新型图书馆服务理念，它致力于提供个性化信息服务。

高校图书馆不仅是图书馆界的佼佼者，更承担着探索行业发展方向的重任。站在行业的前沿，它们面临的挑战是如何优化服务功能、提高服务的主动性，让用户拥有更好的信息资源使用体验。为了在知识信息的传递和文化遗产的保护中继续发挥核心作用，高校图书馆必须紧跟网络知识社会的发展步伐，转变传统服务模式。通过创新和转变服务渠道和方法，高校图书馆应致力于为用户提供更专业、多样和个性化的服务，满足他们的具体需求。

随着信息技术的进步，网络信息环境得到了重塑，导致读者获取知识和信息的方式与方法发生改变。在新兴的网络世界中，社交软件成了人们拓宽社交网络的工具，虚拟的人际关系网极大地拓宽了信息交流的途径。网络不仅提供了一个获取所需信息的平台，还改变了文献的形态和获取方式。文献结构从线性转为多维，传播方式从点面模式变为点对点，检索方式也由传统的“目录—文本”模式转变为“浏览—存储”模式。现在，图书馆的信息资源不再局限于封闭空间，而是通过互联网实现了资源共享，用户无需外出即可获取所需资源，这大大提高了服务的便捷性。因此，在这个新的网络环境中，高校图书馆在服务方式上也必须进行创新和改进，以满足用户不断变化的需求。

2. 图书馆管理更加智能

进入大数据时代之后，物联网技术的进步推动了图书馆管理向智能化迈进。例如，阅览室的温度和湿度可以实时监测并传输至计算机系统，计算机系统还可以控制温度和湿度调节设备，若检测到与理想状态存在偏差，系统便自动调整，确保环境适宜。此外，图书馆管理人员能够实时监控图书馆的运行情况。图书馆资源的动态开放性得到了增强，工作人员和读者可以通过网络平台进行互动交流。读者可通过多种渠道，如微信、博客、微博或电子邮件，向图书馆提供反馈和表达需求，加强了与图书馆的互动。工作人员利用交流软件及时回应读者的咨询，解答疑问，让服务更加便捷化。在采购文献方面，图书馆可通过系统获取读者的检索信息并进行分析，以此为依据做出更明智的选择。

3. 图书馆信息利用更加便捷、高效

当今社会，移动设备已经成为人们日常工作、学习和生活必不可少的一部分。近年来，手机搜索业务、移动即时通信发展迅猛，逐渐成为新一代的阅读媒介。其特点包括功能强大且便于携带、普及率高、互动性强等，备受人们青睐。因此，高校图书馆为了顺应新的发展趋势，推出了移动图书馆。互联网技术使人们的生活和行为发生改变，年轻群体对移动设备的依赖与日俱增，在移动网络用户群体中占有核心地位。大学生读者有多种阅读需求，其中最突出的是数字化阅读需求。

随着电子技术的发展，人们开始追求打破时间和空间上的限制来进行阅读，因此移动网络阅读应运而生。以计算机和网络技术获取多媒体合成信息的超文本阅读，称为网络阅读，其阅读平台采用电子设备获取信息，这逐渐成为当代大学生查找各种信息的主要方式之一。

网络阅读的便利性和实用性等特点，吸引了不同文化程度、职业、年龄的读者。高校图书馆推出的移动图书馆服务举措，既加强了传统图书馆文献资源的利用，又顺应了时代的发展，针对人们对新事物接受力强的特点，将以读者为中心的理念落实到了行动中。

（1）图书馆内部信息资源的组织与整合

在当前的信息时代，网络信息检索已成为人们获取所需信息的首选方法。用户追求的是一种个性化且连贯的信息获取体验，而信息检索凭借其结果简明和操作便捷的特点，赢得了众多读者的喜爱。随着网络技术的发展，图书馆的信息资源变得日益丰富，各种不同类型的数字资源系统也如雨后春笋般涌现，这种多样性虽然丰富了资源，但也造成了资源与检索方式的分离，给读者带来了不少麻烦。为了应对这一挑战，高校图书馆实施了两项策略：一是对不同来源的数字资源进行重新组织，以便读者能更容易地访问和使用这些资源；二是将读者体验放在首位，通过对资源的集成、优化和整合，打破信息孤岛，构建一个互联的资源网络，把各种数字资源集中到一个统一的平台上。这些举措极大地提升了信息资源的可检索性，使得读者在寻找信息时更加轻松便捷。

除此之外，网络世界的不断发展催生了多个不同的搜索引擎，每个读者检索资源的习惯都是不同的，这也为图书馆的信息服务带来了困难。我国高校图书馆面临着如何有效组织和检索异构信息资源的挑战。对此，高校图书馆采纳了两项策略：一是建立一个综合的信息资源索引库，使得不同来源的资料可以通过统一的索引系统进行访问；二是开发新的检索引擎技术，以便能够跨平台检索异构的信息资源。此外，信息浏览作为一种读者在未明确特定信息需求时的查询行为，也在网络环境下变得更加重要。由于网络使得文献的即时获取变得简单，浏览成了一个关键的信息获取途径。为了适应这种趋势，高校图书馆对内部资源进行了重新配置，通过创建门户网站和学科导航等方式满足用户的浏览需求。此外，高校图书馆还采用了多线索信息组织方法，为用户呈现全面的信息网络，从而极大地提升了读者检索和获取信息的效率，同时确保了读者能够优先浏览和获取重点信息。

（2）图书馆之间的信息资源组织与整合

目前，我国高校图书馆实现了小范围的组织形式优化，也就是在内部实现资源的整合和规划。利用网络技术，高校图书馆组建了图书馆联盟，实现了对文献资源的跨区域整合。这种整合方式范围更广，有利于当地以及成员馆的文献资源的组织与重新配置。从宏观的角度分析，高校图书馆在经历资源重组之后，能够形成更加科学的信息资源组织，并基于此形成一个网络文献信息服务平台。各个高校图书馆可以根据自己的特征、建馆目的等来组织文献信息。除此之外，方便用户对信息资源进行获取也是一个最主要的因素。自 20 世纪 60 年代以来，信息经济学从多个角度对信息产业、信息价值以及信息效率等多方面内容进行了深入的讨论和研究，从研究和讨论中得出了“信息是一种资源”的结果。但目前存在的一种现象，国内和国外对信息资源的概念认识没有达成统一，有的人认为信息资源是数据信息，有的人认为信息资源属于记录型信息，还有的人把信息资源看成文献信息。

4. 图书馆馆际合作更加密切

网络环境和文献资源的数字化，为馆际合作、馆藏资源建设提供了一个有利的平台。图书馆可以与其他图书馆形成联盟，通过网络建立馆藏目录，在采购图书时，可以避免重复采购，以达到节省经费的目的。读者也可以通过网络查询联盟馆的馆藏信息，进行馆际互借或者下载。读者还可以通过网络查询国内外图书馆的馆藏信息，进行文献传递，真正实现资源共享。

5. 图书馆信息内容丰富、信息载体呈现多样化

网络信息技术的发展，致使与计算机相关的软硬件都得到了高速发展，这就使得计算机在存储方面、数据库技术方面的功能越来越强大，技术也越来越发达，无论是对于图书馆而言还是对于人而言，都变得更为便捷和高效。图书馆的一些传统印刷型文献，由便于储存的电子文献信息资源所取代。目前，电子文献在高校图书馆中被使用的频率较高，深受读者的欢迎，电子文献内容丰富，且信息载体呈现多样化，能更好地满足读者各个方面的需求。

6. 图书馆信息服务快捷、准确、方便

在当今网络信息时代，尽管网络为读者提供了丰富的信息资源，但信息的复杂性和碎片化常常使得获取所需信息变得更加复杂和困难。针对这一挑战，高校图书馆利用先进的网络技术，开发了信息检索系统和网络导航工具。这两大功能极大地提高了图书馆处理、筛选和储存信息资源的能力，确保图书馆能够向读者提供高效、精确且便捷的信息服务。这样的创新，不仅优化了读者的信息检索体验，也提升了图书馆服务的整体质量。

（二）网络环境下如何有效利用图书馆信息资源

1. 掌握利用图书馆信息资源的基础知识

在数字化时代，图书馆的功能和作用发生了显著的转变。现代图书馆要求读者能够掌握信息化资源管理系统的使用技巧，能够独立获取和处理信息，在获取知识过程中要有主动性。大学生必须掌握图书馆信息资源有效利用的基本方法与原则，这对于他们顺利完成学业至关重要。图书馆信息资源的利用不仅仅局限于基础知识，还包括广泛的技能和能力，以下将对其中的基础知识进行说明。

（1）掌握计算机使用技巧

如今许多高校图书馆都引进了计算机技术和数字化技术，建立了完善的信息化资源服务系统，学生要掌握一定的计算机使用技巧，才能熟练通过计算机查询文献信息资源，有效利用高校图书馆的信息资源。

（2）了解图书的选择原则

在当今信息爆炸的时代，图书的数量越来越多，如何筛选出自己需要的图书就变得十分重要了。了解图书的出版信息不仅是选择图书的第一步，更是一种必

要的筛选过程。书名、作者、出版社、版次、出版年份等信息构成了图书身份的基本档案。有些图书的书名可能相同，但不同作者的思想和见解会使内容大相径庭，特别是翻译作品，译者的理解和表达方式的差异会对读者的理解产生重大影响。因此，选择由知名专家、学者撰写的书籍，往往会更具权威性。

专业性强的出版社，如商务印书馆、三联书店、中华书局等，因其严谨的出版态度和专业的编辑团队，出版的图书在内容的准确性和深度上更有保障。知名院校的出版社，如清华大学出版社、北京大学出版社等，会出版一些学术性较强的书籍，这些书籍在学术界的影响力和权威性方面通常毋庸置疑。对于工具书，如字典、词典，选择商务印书馆或上海辞书出版社等历史悠久、信誉良好的出版社，可以确保所得信息的准确性和可靠性。

在选择图书时，如果遇到同一图书的不同版本，应优先考虑出版年份最新的，因为新版通常会包含最新的信息和修订内容。然而，如果是由不同作者改编或由不同出版社出版的同一书名的书籍，即使出版年份较近，也不能盲目认定其质量一定优于原版。这时，读者需要根据书籍的内容、作者的专业背景、出版社的声誉等多方面因素进行综合判断。

总之，选择图书是一个综合考量的过程。它不仅需要我们对出版信息有深入了解，还需要我们根据自身的需求和偏好，结合作者的专业水平、出版社的专业性和声誉，以及书籍的时效性和内容的深度，做出明智的选择。在这个过程中，我们可以通过阅读书评、参考专业人士的评价、利用图书馆和书店的资源，甚至通过网络平台获取相关信息，以帮助我们做出更加合理的决策。

（3）不要片面追新或跟风

部分读者喜欢读一些新出版的书或跟风。现在一些图书馆还推出了读书排行榜，读者就会跟风去读在榜图书。学习的过程是一个循序渐进的过程，是一个逐渐积累的过程，学生应当在老师和图书馆工作人员的指导下，根据自己的专业，从自己的角度选择图书。经典的图书，虽然出版时间久远，但价值高，我们仍然要读。针对一些考试的图书，比如大学英语四六级考试、计算机等级考试等，由于考试内容不断变化，这样的图书一定要选择比较新的版本。只有有所选择，才能让自己在有限的时间内有较大收获。

（4）了解不同年级学生读书的选择原则

大学一年级的学生可以读一些本专业的普及读物，有助于了解所学的专业，还可以读一些外语和计算机等基础学科的学习参考书和自己感兴趣的书。大学二、三年级读一些本专业的专业学习参考书，以使自己的专业知识更深入。大学四年级可以选择一些有助于自己择业、创业的书。

（5）掌握文献检索知识

掌握文献检索知识有助于学生快速找到自己需要的文献。文献检索的内容有许多，如在检索时如何确定关键词、怎样利用工具书、电子文献和手机图书馆的使用，还有一些检索的专业术语，如责任者其实就是作者、著者，这些都需要学生在上文献检索课时认真学习。

2. 建立网络信息导航

网络信息技术的发达，使得各类资源信息网站的种类五花八门，读者想要依照自己的目标需求找到相应的资源文献信息也有些难度，而且比较耗费精力和时间。利用网络信息技术带来的优势，建立网络信息导航，完全可以实现让服务器自动完成信息检索的功能，在读者和网络信息资源文献中架起一座互相沟通的桥梁，实现读者与图书馆的“对话”，这样的图书馆不仅仅是一个信息收藏的机构，也是一个具有现代化、智能化和网络化的信息“提供者”，并且还具有信息通道的功能。建立网络信息导航，能够引导读者到指定的网址或网站获取自己所需的信息资源，给读者带来更为优质的服务。

3. 共建共享信息资源

信息资源已成为当今社会的重要资源，甚至是核心资源，它发挥着越来越重要的作用。信息资源的共建共享，也需要高校图书馆充分发挥其功能。当下，信息技术的迅速发展，为高校图书馆信息资源的共建共享提供了便利的条件，以及技术和环境的保障。目前，各大高校的各类信息资源平台已经建成了基本的信息资源保障体系架构，但是随着科技的进步，原有的信息资源平台还是跟不上社会的发展，不能满足用户的需求，这就需要高校图书馆利用新环境下的网络信息技术，加强信息资源的共建共享，开发具有针对性特色服务的平台，加强与其他地域的高校共同合作，实现信息资源的共建共享。信息资源的共建共享，在高校信息资源的建设方面，可以有效地避免重复建设所带来的资源和资金的浪费，也可以实现各个高校图书馆间的信息资源互通有无和优势互补，同时还可以提高高校图书馆的信息服务质量，给用户提供内容丰富多彩、质量更有保障的信息服务。

4. 开发利用网络信息资源

信息资源是高校图书馆的重要内容。在网络信息技术迅速发展的社会环境下，图书馆的信息服务工作已开始趋向于网络化、智能化、电子化和虚拟化的新服务时期，因此，在这样的新环境下，网络信息资源的开发利用，对于高校图书馆的服务创新工作而言尤为重要。网络信息技术的发展，造成了网上信息资源的数量过于庞大。高校图书馆应该利用这种优势，结合本馆的实际情况，扬长避短，利用科学的方法和技术深层次地对这些网络信息资源进行开发利用，以给用户提供优质的网络信息资源服务。

对网络信息资源进行深层次开发，首先，应根据用户的需求，利用先进的技术对各种信息进行深入的分析和处理，按照一定的主题开展信息的过滤、分解、梳理以及综合的工作，再编制与之相配的二次文献资源信息。其次，利用网络信息技术，将二次形成的文献信息资源进行排序或索引，形成一个庞大的信息资源数据库，并建立专业性的信息资源指引库，借助网络信息导航，为用户提供所需信息。最后，可以依据本馆的馆藏特色，结合本馆的资源文献信息，建立本馆的特色资源数据库。当然，对高校图书馆网络信息资源的开发利用，不可盲目而为，必须运用科学的方法，坚持本校的教学原则和科研服务原则，突出本馆的特色。

5. 加强数字化资源建设

高校图书馆是高校的一个重要组成部分，其建设水平的高低将直接影响学校的教学水平、科研水平以及对社会的服务质量。因此，为了满足用户的需求、实现电子信息在计算机网络上的自由传递和提升高校图书馆的服务质量，加强高校图书馆的数字化资源建设、实现信息数字化也是一项重要的服务创新内容。如今，数字化图书馆已成为高校图书馆现代化建设和发展中的必然阶段，在数字化资源建成的过程中，要从实际出发、审时度势，积极而稳妥地进行高校图书馆的数字化资源建设。高校图书馆的数字化资源建设主要包括四方面的内容：一是提高高校领导和图书馆馆员的数字化意识；二是把本馆的印刷型文献进行数字化并传到网络上供读者检索；三是集中资金，采购全文数据库，并引进各类电子出版物；四是结合本馆的实际情况，开展特色馆藏的数字化资源建设。对高校图书馆开始实施数字化资源建设，除了可以更好地满足用户所需，还可以节省馆藏空间，这也是数字化资源建设的最大优势。

6. 建设特色数据库

特色数据库是图书馆在充分利用自己的馆藏特色基础上建立起来的一种具有本馆特色的可供共享的文献信息资源库。高校图书馆特色资源建设是图书馆数字化资源建设的发展方向，也是图书馆服务创新的重要建设内容。在新的网络信息环境下，建设高校图书馆的特色数据库，能够比较深入地、有针对性地展示本馆的特色资源文献。特色数据库建设的方法主要分为三个步骤：首先，确定主题的采集方向；其次，通过全面评估（横向评估和纵向评估），确定本馆的特色数据库；最后，要保证建成的特色数据库的标准化和规范化。特色数据库的建设工作并不是一蹴而就的，它是一项永久性的工作，要符合社会的发展需求，要经常性地检索并更新数据库的信息资源内容，以便给用户提供最新、最全面的服务。

7. 充分利用图书馆信息资源

学生的学习、科研以及毕业后的工作、创业都与是否能有效利用文献信息、充分利用图书馆信息资源有关。图书馆对每位读者都是公平的、开放的，充分利用图书馆信息资源是每位读者的权利。图书馆的工作人员以全心全意为用户服务为宗旨。图书馆给每位师生都提供了一个很好的获取信息和知识的平台，学生一定要充分利用图书馆信息资源，为日后工作打下扎实的基础。

第三节　高校图书馆信息资源的阅读推广

阅读推广这一词首先出现在国外，源于英文的 reading promotion 一词，很多学者也会将这一词翻译为阅读促进。2007 年，联合国教育、科学及文化组织发起了全民阅读活动。之后，随着世界各国对阅读的逐渐重视，从图书馆到学校、从社区到网络，各种形式的阅读推广活动如雨后春笋般涌现。这些活动包括但不限于阅读俱乐部、作家讲座、书展、阅读挑战赛等，旨在为不同年龄层、不同兴趣群体提供丰富多彩的阅读选择。此外，阅读推广也体现了文化多样性，它鼓励人们探索不同文化的文学作品，理解和尊重多元文化背景下的语言表达。

在世界各国掀起的全民阅读浪潮中，我国也积极响应，开始开展全民阅读和阅读推广活动。这些活动不仅增强了社会的文化底蕴，也为人们提供了一个相互学习和成长的平台。此外，随着数字化时代的到来，电子书和在线阅读平台的兴起，为阅读推广提供了新的途径和工具，使得阅读更加便捷，也更加贴近现代人的生活方式。

一、高校图书馆信息资源阅读推广内涵

高校图书馆信息资源阅读推广活动以高校图书馆为活动中心，旨在营造学术氛围、促进学生对知识的探索。高校图书馆在图书馆系统中占有独特地位，其推广阅读的策略虽与其他图书馆有着某些共通点，但也具备独有的特色。深入探讨这些策略，我们会发现无论是高校图书馆还是其他类型的图书馆，其根本目标均为推荐馆藏资源和培养读者群体，这一过程涉及以下几个主要元素。

（一）高校图书馆信息资源阅读推广主体

高校图书馆信息资源阅读推广主体，是指对推广项目进行策划、组织、实施、管理的部门或组织。在高校图书馆阅读推广工作中，其主体既可以是整个图书馆，也可以是图书馆的某个部门，甚至可以是与图书馆合作的校园组织或者团体。如果主体是高校图书馆的某个部门，那么通常会成立专门的阅读推广组织负责相关工作。如果是多个部门联合举办的，那么就会从参与部门抽调人员共同组成工作小组。

如今，随着世界各国对阅读推广的重视程度越来越高，再加上阅读推广工作的复杂性、持续性特征的影响，高校阅读推广的主体也变得越来越多元化，学校的部分行政组织、社会上的相关组织也纷纷参与阅读推广行动。

（二）高校图书馆信息资源阅读推广媒介

现代社会，高校图书馆信息资源阅读推广媒介不仅限于传统的纸质书籍，也包括丰富多样的数字媒体和其他形式的资源。这些资源的共同特点是能够激发读者的兴趣，拓宽他们的视野，并促进其对知识的深入理解。特别是那些经典读物，它们不仅是历史积淀下来的宝藏，更是古人智慧的结晶，读者在阅读经典读物时，能够跨越时空的界限，与作者产生共鸣。这些经典作品在不同的文化和学科领域内，都有着不可替代的地位和作用。它们不仅具有持久的影响力，而且在实践中具有广泛的适用性，能够引导读者进行深入思考和探索。因此，高校图书馆在选择推广读物时，应当着重挑选和推广经典作品，以此来提高学生的文化素养和批判性思维能力。

只有当提供的读物能够满足读者的阅读需求、符合读者的阅读偏好且能够适应读者的阅读能力时，阅读推广活动才能获得更高的效益，读者才能享受到更好的阅读体验。因此，对阅读推广媒介进行分析需要结合读者的特征与偏好。具体而言，学生通常涉猎广泛、阅读能力较强，因此高校图书馆选择媒介应当重视多元化和资料的深度。

（三）高校图书馆信息资源阅读推广对象

在高校中，阅读推广不仅是提升学生文化素质的重要手段，也是培养学生终身学习习惯和批判性思维的有效方式。因此，高校图书馆在阅读推广时，应深入了解学生的阅读习惯和偏好，包括他们对于知识的具体需求、信息的筛选能力、阅读目的等。在此基础上，图书馆应当有针对性地选择主题阅读活动、阅读竞赛、作家讲座等不同形式，激发学生的阅读兴趣。学生阅读兴趣广泛，不仅限于专业学科，还涉及文学、历史、哲学等多个领域。他们对阅读材料的选择有着明确的个性化倾向，这要求图书馆在推广阅读时能够提供多元化的选择，并且能够根据不同学科背景和兴趣爱好进行个性化推荐。此外，学生的阅读不仅是为了获取信息，更多的是为了知识的深化和思维的拓展。因此，图书馆在推广阅读时，应当提供能够激发思考和讨论的材料，如最新的科研成果、思想前沿的讨论等，以满足学生对深度阅读的需求。并且，学生的阅读行为容易受到环境因素、个人因素等方面的影响，因此图书馆还应当创造一个良好的阅读环境，组织各种形式的阅读活动，如作者见面会、主题讨论会等，以增强阅读的互动性和实用性。

（四）高校图书馆信息资源阅读推广方式

所谓方式就是开展工作的方法、策略等。高校图书馆开展阅读推广的主要目的有两个：一是推广馆内的文献资源，二是发展更多的读者和用户。因此我们可以将高校图书馆开展阅读推广的方式分为两种，一种是围绕读物推荐开展的方式；另一种是围绕增加读者开展的方式。

以读者为核心的推广方式是最为主要也是最常见的。使用这种推广方式，高校图书馆必须重视大学生的阅读需求、阅读心理以及行为习惯，并据此来设计具体推广措施，从而提高学生对阅读的兴趣。高校图书馆的读物是开展阅读推广活动、提供服务的物质基础，它们必须能够满足学生的阅读需求。此外，高校图书馆还要选择合适的读物宣传方法才能引起学生的阅读兴趣。综上所述，高校图书馆开展阅读推广要重视方式的设计。

对象也是影响阅读推广活动开展的重要因素，它决定了高校图书馆使用什么方式、选择什么读物开展阅读推广活动。不同的读者所喜欢的读物类型和能够接受的推广方式是不同的，因而高校图书馆要根据目标人群的特征来设计阅读推广活动。

二、高校图书馆信息资源阅读推广的意义

阅读是文明传承与文化进步的重要渠道，它对个人成长以及国家和民族的发展具有不可估量的影响。高等院校图书馆在推广阅读方面担负着两大使命：一是推荐馆藏资源，二是培养读者。推荐馆藏资源意味着通过组织创新的阅读活动来吸引读者，使他们关注图书馆的特定资源，并促进这些资源的流通与使用；而培养读者则涉及将潜在的读者转化为实际的读者，并通过阅读活动提升读者的信息

素养和阅读能力，从而促进读者个人成长。这些特殊的使命使得高校图书馆在阅读推广活动中具有极强的特殊性。

（一）履行高校图书馆职能，增强读者认同

作为高校的重要机构，高校图书馆扮演着信息资源中心的角色，致力于支持学术研究和人才培养工作。高校图书馆是数字化校园建设工作的重要执行者，也是校园与社会文化发展的基石。通过阅读推广活动，高校图书馆不仅能够更有效地发挥其功能，还能促进馆藏资源的利用和读者群的增长。

大学生对图书馆十分喜爱，课余时间，大学生经常去图书馆阅读、学习、消遣。因此，高校图书馆应当利用自己的特殊地位和优势积极开展阅读推广活动，激发学生的阅读热情，让大学生更加了解图书馆、认同图书馆的职能与作用。同时，高校图书馆在长期发展的过程中也形成了自己的文化，通过开展阅读推广活动，能够加强自己与读者之间的联系，宣传本馆的文化，进而对学生产生积极的影响。

（二）引导读者，增强阅读影响因素的正面效应

阅读活动是一个复杂的过程，它受到众多因素的共同影响。个人特质，如心理状态和行为习惯，对于阅读成效具有决定性影响，具体包括读者的意识、动机、意愿、态度以及行为习惯、阅读能力、阅读方法等。此外，阅读材料本身的特点也是影响因素之一，包括其核心主题、内容质量、表达方式以及其载体类别、通过什么形式可以获得、封面精美程度、作者的影响力、外界对它的评价等。阅读材料能否迎合大学生的阅读偏好、符合其心理特征，能否激发他们的阅读热情，对于其阅读行为表现有决定性的作用。阅读环境，无论是宏观的社会文化背景还是微观的具体阅读场所环境，都会对读者产生影响。因此，阅读推广的关键在于通过各种方式和手段引导读者，帮助他们克服不利因素，减少消极影响，同时增强积极因素的作用，以提升阅读效果。

（三）培养阅读习惯，改善阅读行为

在数字化时代，学生面临着信息过载的挑战，这使得阅读更加重要，但也更具挑战性。高校图书馆在这方面扮演着至关重要的角色，它们不仅提供了丰富的资源，还通过创新性的阅读推广活动激发学生的阅读兴趣。例如，举办主题阅读周、作者见面会、阅读竞赛等活动，可以有效地吸引学生参与。总之高校图书馆是培养大学生阅读习惯的主阵地。

如今，部分学生的阅读情况堪忧，失去了阅读纸质书籍的习惯。此外，他们在阅读时有时会缺乏明确的目标和结构，这影响了他们的理解和思考能力。而且，在日常生活中，阅读不应只是为了应付考试或工作，而应包含对知识的渴望和对生活的热爱，这样的阅读才能真正丰富学生的内心世界、提高学生的思想深度。

我国大学生阅读情况的问题主要体现在以下几方面。

第一，在当代社会，部分学生的阅读习惯呈现出娱乐化的趋势。他们的阅读有时更加追求心理上的放松和娱乐，忽视了对经典著作的阅读。这种以娱乐为主的阅读方式虽然能够满足他们短暂的休闲需求，但是缺乏计划性，往往无法起到阅读应有的陶冶情操、提升人文素质的作用。

第二，阅读缺少沉淀和持续性，很多学生的课外阅读时间较少。如今学生的学习任务较重，课余时间还需要参与许多校内外的活动，因而能够用于阅读的时间较少。阅读行为碎片化，可能会导致读者缩减甚至摒弃纸质书籍的阅读。

第三，如今的学生习惯从网络中获取自己需要的信息，面对问题缺乏思考，因而在阅读的过程中也只是在浅阅读，缺乏深入探索。随着信息社会的发展，网络上的信息日渐复杂、传播媒介越来越丰富，人们的阅读方式、媒介和内容也逐渐多样化。此外，随着生活节奏的加快，人们用于阅读的时间和精力有限，因而催生了新的阅读方式——浅阅读。这种阅读是浮于表面的、以获取信息为目的的阅读。

第四，大多数学生都认识到阅读对个人成长的重要性，但他们对自己的阅读成效感到不满。这种情况往往与他们的阅读行为和方法有关。

由此可见，学生阅读的各种问题导致其养成了各种不良的阅读习惯，生活节奏和模式的转变也使他们逐渐不再享受阅读。高校图书馆的阅读推广可以培养大学生的阅读兴趣，帮助大学生解决阅读问题。

（四）通过大学生的影响力，推动全民文化素养的提升

在当今社会，阅读不仅是提升个人修养和积累知识的重要途径，更是凝聚人心、发扬民族传统文化、增强国家文化软实力的重要方式。全民阅读的推广，不仅能够提升公民的文化素质，还能促进社会主义核心价值观的传播。在全民阅读成为国家战略的当下，高校图书馆要肩负起在大学生群体中进行阅读推广的重任。它不仅要为学生提供学习资源，更应当向社会公众开放，成为知识传播和全民阅读推广的重要平台。2016 年《普通高等学校图书馆章程》的修订，进一步明确了高校图书馆服务职责，要求图书馆在满足本校师生信息资源服务需求的前提下向

社会开放，利用其丰富的资源为社会公众服务。这一政策的实施，将有助于构建学习型社会，推动社会进步和文化繁荣。随着数字化阅读平台的发展，高校图书馆可以通过线上服务，将资源共享的边界进一步拓宽，使得更多的人能够受益于高质量的阅读材料，从而实现知识的民主化，促进全民阅读文化深入发展。

学生是我国社会发展所需的宝贵人才，是高校图书馆服务的主要人群，也是构建书香社会和书香校园的核心人才。因此作为高校中提供书籍资料和文献资源服务的主体，高校图书馆必须积极推进阅读推广工作，培养学生的阅读兴趣与习惯，为学生提供优质的阅读环境。要想提高国民文化素质，就必须提高大学生阅读质量，重视学生文化素养的提升。高校图书馆要作为指引者和领导者，为校园阅读氛围的形成做出努力，并潜移默化地影响学生的阅读习惯与行为。

第五章　高校图书馆服务内容分析

高校图书馆作为为教学和科研服务的文献信息中心，在重点学科建设中起着重要的文献保障作用，是教学、科研以及学科建设的重要支撑力量。因此，高校图书馆要大力推进馆藏实体资源及网络信息资源的开发与建设，并努力实现高校图书馆间信息资源的共建共享，在构建重点学科文献信息资源体系的同时，要注重网络信息资源知识内容的开发，为读者提供深层次的服务。本章主要介绍了高校图书馆服务类型概述、高校图书馆服务的现状与存在的问题、高校图书馆服务的创新模式、高校图书馆管理与服务创新的融合发展。

第一节　高校图书馆服务类型概述

一、高校图书馆文献信息服务

（一）文献流通服务

1．文献流通服务的形式

文献流通服务是图书馆与读者联系最密切的工作环节，读者对图书馆的利用主要是通过文献借阅活动进行的。流通服务的形式有外借、阅览、视听、复制和文献传递等。

（1）外借服务

外借服务是图书馆服务的重要组成部分，指读者通过规范流程，依据一定手续，在限定时间内将馆内文献资源带出馆外使用的一种文献流通形式。此服务模式极大地满足了读者对文献资料的灵活需求，尤其为那些因故不便到图书馆进行阅览的用户提供了极大便利。外借服务形式多样，包括个人外借、集体外借及馆际互借等。其中，个人外借以其简便快捷的特点，成为面向广大读者群体的主要服务方式；而集体外借则针对机关团体、学校等特定用户群体，集体外借支持一人办理，多人共享使用，能够最大化资源利用效率；馆际互借则是指图书馆与图书馆之间相互开放馆藏资源，共同满足读者多样化需求，这促进了文献资源的跨馆流通与共享。

（2）阅览服务

阅览服务是图书馆利用一定的空间设施，组织读者开展文献阅读活动的服务方式。图书馆一般按读者对象、藏书类型、学科门类等来设置不同的阅览室。其中，按读者对象，可设置普通阅览室、少儿阅览室、教师阅览室、学生阅览室、盲人阅览室等；按藏书类型，可设置期刊阅览室、报纸阅览室、古籍阅览室、缩微阅览室等；按学科门类，可设置社科阅览室、文学阅览室、综合阅览室等。阅览室有适合读者学习、研究的环境和设备，并设有辅助书库，陈列各种书目、索引和其他工具书，还有一部分仅供馆内阅览而不外借的文献资料。阅览室可提供开架、半开架或闭架服务。其中，开架阅览具有多方面的优越性：允许读者直接进书库浏览，方便其选择所需的文献；有利于开阔读者视野，提高阅读兴趣，吸引更多的读者利用阅览室的藏书；节省读者选书的时间；扩大图书流通范围，降低文献拒借率；能使工作人员从繁忙的进库取书劳动中解脱出来。另外，还可以建立分馆、文献流通站、巡回书车等，方便不能来馆的读者使用图书馆的馆藏。

（3）视听服务

此类服务主要依托电子阅览室与视听阅览室展开。在电子阅览室中，用户可以在计算机上面获取网络中所有的知识信息。视听阅览室主要利用多媒体等设备实现知识信息的高效、高质传播。此外，部分图书馆还拓展了移动阅读器借阅服务，进一步丰富了阅读媒介的选择。

在高校图书馆中，文献流通服务有多种形式，它起着十分重要的作用。作为图书馆面向读者的核心服务方式，文献流通服务的质量直接关系着馆藏文献资源的有效利用与深度开发，同时影响着图书馆在公众心目中的形象与地位。

2.文献流通服务的特点

（1）不受时间和空间的限制，方便读者使用

由于图书馆接待读者的时间和空间是有限的，有时难以满足大量读者经常在图书馆内阅读文献的需要。通过外借服务这一方式，读者可以在规定的期限内自由地安排阅读时间和地点，不受图书馆开放时间和阅览室空间的限制，从而充分利用所借的书刊文献。

（2）降低图书馆工作人员工作强度，缓解阅览室空间紧张的矛盾

长期以来，由于图书馆工作人员劳动强度大，以及阅览室空间紧张，图书馆

读者服务工作的开展受到限制。要降低图书馆工作人员服务的劳动强度、缓解有限的空间设施和读者日益强烈的文献需求之间的矛盾，就要在外借服务方法上进行改革和创新，即提供文献流通服务。

（3）诱导读者潜在需求，促进读者阅读行为的产生

外借服务提供给读者的是以整本图书为单位的原始文献，比较直观。尤其是在开架借阅过程中，读者与文献直接接触，可以刺激读者阅读欲望的产生，使其潜在需求转化为现实需求，从而产生阅读行为。对那些不能前来或不能常来图书馆的潜在读者，可以采用巡回外借服务、送书上门、馆外流通、邮寄借书等形式，使他们能方便地借到和利用自己所需要的文献，以充分满足他们的需求。

（4）不能满足读者的全部借阅需求

外借服务虽广泛普及，但也存在一些缺陷。受限于外借范围、品种、期限及读者权限等因素，它无法全面满足所有读者的借阅需求，特定读者群体可能因权限不足而无法享受外借服务。

（5）文献破损率高

在频繁流通中，图书馆文献易遭受遗失损坏，这不可避免地增加了维护成本。因此，在提升流通服务效率的同时，加强文献保护与修复工作亦显得尤为重要。

（二）参考咨询服务

参考咨询服务是图书情报部门的专业技术人员在利用文献、寻求知识和情报方面为读者提供帮助的活动。它以协助检索、解答咨询和专题文献报道等方式为读者提供事实、数据和文献线索。参考咨询服务工作的实质是以文献为根据，通过个别解答的方式，有针对性地为读者提供具体的文献、文献知识和文献途径的服务工作。

1. 参考咨询的特点

如今，参考咨询的服务内容不断深化与发展，其服务形式也呈现网络化、现代化、多样化的趋势，使参考咨询成了读者服务中最为活跃的内容，它具有服务性、针对性、实用性等特点。

（1）服务性

在图书馆读者服务工作之中，参考咨询服务十分重要，占据了核心地位。作为图书馆读者服务工作的关键一环，参考咨询服务致力于提升用户信息检索的效率与质量，满足用户多样化的信息需求，其服务性特点尤为突出，这也是它最基本的特点。例如，当读者提问的时候，馆员要回答其问题，为其提供相关信息与

指导，以满足读者的个性化需求，该服务内容与其他部门的读者服务工作有着千丝万缕的联系，是读者服务的延伸和发展。

（2）针对性

参考咨询服务必须具有针对性，要紧密围绕读者的实际需求，为读者量身定制解决方案，确保每一次咨询都能精准对接读者的痛点。这种服务模式不仅体现了图书馆对读者需求的深刻洞察，也彰显了图书馆在知识传播与信息服务领域的灵活应变能力。参考咨询服务要深入分析读者的学习、工作与生活场景，了解读者遇到的问题，从而实现文献信息资源的精准匹配与高效利用，进一步满足读者日益增长的个性化服务需求。

开展参考咨询服务的前提是读者需求。若没有精准把握读者需求，参考咨询服务便失去了其存在的意义。因此，深入调研与分析读者的信息需求成为提供高质量参考咨询服务的首要任务。针对不同类型、不同层次的图书馆服务对象，参考咨询服务需灵活调整策略，确保服务内容与图书馆的整体方针及具体任务紧密契合。例如，公共图书馆需聚焦于政府决策支持与经济建设信息，高校图书馆应侧重于教育与科研资源的深度挖掘，而科研单位图书馆则需提供高度专业化的科研辅助与决策支持服务。这种以需求为导向的服务模式确保了参考咨询服务的有的放矢与高效运行。

（3）实用性

参考咨询服务的最终目标是解决实际问题，满足读者需求，进而强化图书馆的情报与教育职能，其实用性体现在以下几个方面。

首先，参考咨询服务能够直接帮助读者解决他们在利用信息资源时遇到的问题。通过提供及时、准确、全面的信息支持，参考咨询服务不仅帮助读者跨越了信息资源获取的障碍，还促进了图书馆信息资源的高效利用与知识价值的最大化实现。这种以实效为本的服务理念，不仅提升了图书馆的服务品质与影响力，也为读者创造了更加便捷、高效的信息获取途径。其次，参考咨询服务在深度挖掘与开发信息资源方面扮演着核心角色。它通过对信息资源的系统整理、分析与推送，极大地提升了信息资源的使用效率与覆盖面，为科研人员、管理层决策制定以及企业创新发展注入了源源不断的知识动力。这一过程不仅促进了信息资源的活化与流通，也进一步确定了图书馆作为知识传播与交流平台的核心地位。以高校图书馆为例，随着其情报服务功能的日益强化与现代信息技术的深度融合，这些机构正积极探索信息资源配置的最优路径，致力于进一步提升服务质量与读者体验。在确保满足校内教学科研需求的同时，高校图书馆更是主动拓宽服务边界，将目光投向更广阔的社会情报服务领域，以精准、实用的服务，助力社会发展，展现了其作为知识服务机构的社会责任感与创新能力。最后，参考咨询服务作为图书馆情报职能与教育职能的集中展现，其运作效率、专业深度及服务成效，直接映射出图书馆服务品质的高低。它不仅体现了图书馆在信息处理与知识服务方面的能力水平，更能够普遍提升人们的工作效率，在当代社会中具有不可替代的价值与深远影响。因此，增强参考咨询服务的建设与发展，不仅是图书馆自身能力提升的内在要求，也是推动社会整体知识进步与经济发展的重要力量。

2. 参考咨询服务的内容

参考咨询服务工作的内容十分丰富，有完整的体系。目前大中型图书馆参考咨询服务的内容主要有解答咨询服务、书目参考服务、信息检索服务。

（1）解答咨询服务

解答咨询服务即对读者提出的一般知识性问题，如有关事实、数据等的问题，通过查阅有关的检索工具，直接回答读者，或指引读者利用某一检索工具查阅有关资料，以求得问题的答案。解答咨询服务作为参考咨询服务的最初形式，是参考咨询服务最常见的服务内容。解答咨询服务的方式主要有口头回答、电话回答、E-mail 回答、表单回答等。对于一些常见问题，很多图书馆通过设置咨询台来解决，这是一种非常有效的做法。

（2）书目参考服务

书目参考服务是对读者提出的一些研究性问题，如专题性、专门性研究课题等，通过提供各种形式的专题文摘目录索引，供读者查阅所需文献资料，以解决有关课题的咨询。由于它不直接提供具体答案，只提供资料线索以供解决有关问题时参考，所以被称为书目参考服务或专题咨询服务。对于一些常见的问题，不少图书馆通过编制专题目录、索引与文摘，主动提供文献信息，开展书目情报服务，成为传统参考咨询服务的一项重要内容。网络参考咨询服务中的学科导航、本馆资源导航以及书目数据库建设则是网络环境下的书目参考服务。

书目参考服务工作的立足点是文献信息加工。选题应以客观需要为依据，在选择材料时，要求对某一特定范围内必需的文献做到尽可能全面、系统、收录完备。

（3）信息检索服务

信息检索服务是指将信息按一定方式组织和存储起来，并按需检索出有关信息的过程。信息检索按检索方式可分为手工检索和计算机检索，按检索对象可分为文献检索、数据检索和网上信息检索等，按服务项目可分为一般课题检索、定题服务检索、查新服务检索等，按课题性质可分为事实型检索、专题型检索、导向型检索、综合型检索等。传统的信息检索以文献检索为主要内容，现代的信息检索以数据库检索和网上信息检索为重要组成部分。网络导航、学科导航、本馆资源导航、学科信息门户和特色库的建设与利用是新时期信息检索的重要工作内容和信息检索资源。

（三）文献传递服务

文献传递服务是图书馆通过一定的方式把读者所需的文献从文献源中提供给用户的一种服务。具体来说，是读者将特定的已确知的文献需求告知图书馆，由图书馆通过一定的方式将读者需要的文献或替代品以其有效的方式与合理的费用直接或间接传递给读者的一种服务。它具有快速、高效、简便的特点。现代意义的文献传递服务是在信息技术的支撑下从馆际互借发展而来，但又优于馆际互借的一种服务。在有关著作权法规允许的范围内，一般传递的文献以期刊文章为主，也可以是技术报告以及学位论文等全文。任何读者都可以向图书馆提出文献传递的请求。

文献传递服务分返还式和非返还式两种。传递方式包括 E-mail、Web、FTP、传真、邮寄或自取等。

1. 文献传递服务机构

21 世纪以来，文献传递服务在中国大陆得以迅速发展。下面对几个比较重要的服务机构进行介绍。

（1）国家科技图书文献中心

国家科技图书文献中心（以下简称 NSTL），是国内最早的具有联盟性质的虚拟式的科技文献信息服务机构，2000 年 6 月 12 日经国务院领导批准成立，以文献传递服务为主要业务。2000 年 12 月正式开通了 NSTL 网络服务系统。NSTL 采取统一采购、规范加工、联合上网、资源共享的运行机制，其目标是建立一个国家级的科技文献信息资源保障与服务体系。NSTL 网络服务系统作为对外服务的重要窗口，通过互联网为全国用户提供全方位的科技文献信息服务。

（2）中国高等教育文献保障系统

中国高等教育文献保障系统，也就是 CALIS。CALIS 的宗旨是在教育部的领导下，把国家的投资、现代图书馆理念、先进的技术手段、高校丰富的文献资源和人力资源整合起来，建设以中国高等教育数字图书馆为核心的教育文献联合保障体系，实现信息资源共建、共知、共享，以发挥最大的社会效益和经济效益，为中国的高等教育服务。

高校图书馆馆际互借和文献传递系统是经国务院批准的我国高等教育“211工程”总体规划中的两个公共服务体系之一，于2004年正式开始运行。

（3）上海图书馆文献提供中心

上海图书馆丰富的馆藏资源是开展文献传递服务的基础，1995年上海图书馆与上海科学技术情报研究所的合并大大丰富了馆藏科技资源，其中科技文献是文献传递的重要内容。近年来，上海图书馆新开发的馆藏科技报告数据库、标准数据库、AIM报告数据库等对馆藏的科技资源做了很好的整合和揭示，同时这些数据库实现了和文献传递服务的无缝链接，为文献传递工作和服务带来了便利。

2. 文献传递的运作模式

文献传递的运作模式是指文献服务馆与用户馆之间进行文献传递服务的工作方式，主要有集中式无中介服务模式和分布式有中介服务模式两种。

（1）集中式无中介服务模式

集中式无中介服务模式指以提供服务的馆为中心，获取服务的用户馆要在服务馆的馆际互借系统中去开户，并在用户馆系统的读者网关上提交文献传递请求。在该模式下，每个用户馆要到至少一个服务馆去开户，而且只能到开户的服务馆去获得服务。若文献传递网中的另一个服务馆要满足该用户馆的传递请求，需通过开户的服务馆去代为转发请求，否则要到多个服务馆开户才能直接获得服务，如CASHL、NSTL、LCAS、国家图书馆等。

（2）分布式有中介服务模式

在该模式下，两个成员馆都需要安装同一馆际互借与文献传递系统，馆际通过协议机构互相传递请求，无须到对方馆的系统中开户。换言之，每个成员馆都可以随意向任何一个安装有馆际互借与文献传递系统的成员馆提交请求。在这种模式下，成员馆可以利用本地安装的用户服务网关收集用户的传递申请，并通过协议机构在同样的馆间转发请求，不需要到其他服务馆去开户，也无须登录其他服务馆的用户服务网关手工提交请求，所以推荐对外请求数多的成员馆采用这种模式。

在该模式下，各成员馆均安装有系统，既可采用集中式模式直接为其他用户馆提供服务，又可利用分布式模式间接为其他用户馆提供服务，均为服务馆，故又称为服务馆模式。在这种模式下，服务馆将原文传递给请求馆的馆际互借员，再由馆际互借员交给用户，如CALIS等。

二、高校图书馆现代化资源服务

（一）移动图书馆服务

移动图书馆是指依托目前比较成熟的无线移动网络、国际互联网以及多媒体技术，使人们不受时间和空间的限制，通过使用各种移动设备灵活地进行图书信息查询、浏览与获取的一种新兴的图书馆信息服务。

移动图书馆是数字图书馆的一个分支，它具备数字图书馆的一般特征，还具备可移动的特征。这种可移动的特征表现为读者可以不依赖 PC 端，通过手中的便携数字阅读设备就能浏览、下载、阅读和欣赏数字资源。移动图书馆除了包括传统意义上的报纸、图书、杂志资料外，还包括音频和视频文件。

移动图书馆的服务模式主要有 SMS 服务模式、I-MODE 服务模式、WAP 服务模式。

（1）SMS 服务模式

SMS 也称为短信服务，实质上是一种短信的存储和转发服务。发送人的短信通过 SMS 中心再转发给接收人，短信并不是点对点的，而是始终通过 SMS 中心进行转发。如果接收人处于未连接状态（可能电话已关闭），则消息将在接收人再次连接时发送。由于早期的移动通信技术主要以短信服务最为普及，因此 SMS 服务模式相对成熟，移动图书馆的建设也是从手机短信开始的。图书馆采用 SMS 服务模式主要包括下行业务和交互式业务。下行业务主要用于读者被动地接受图书馆发送的信息，包括开放时间、新书通报、预约提取通知、图书到期提醒、图书馆讲座、图书催还等。交互业务是指读者利用手机向一个特定的服务号码以短信方式发送服务请求，主要包括证件挂失、续借图书、查询个人借阅信息、咨询问题、查找文献、提出建议等。由于短信服务模式对硬件要求低，容易实施与操作，几乎所有开展移动图书馆业务的馆都支持该业务。SMS 服务模式的特点为及时、快捷、费用低，缺点在于消息格式简单，仅支持简单文本，无法传输图像、音频、视频等信息，因消息长度受限，难以实现复杂信息检索，交互性能较差。

目前，我国国内绝大多数的移动图书馆都能利用手机短信进行推送服务和定制服务。利用手机短信主要推送的服务内容有图书馆新闻动态、会议讲座通知、图书到期通知、图书逾期通知、图书归还通知、预约图书提取通知、新书到馆通报等；定制服务的内容主要有书目查询、图书预约、图书续借、参考咨询、建议留言等。

（2）I-MODE 服务模式

I-MODE 服务模式是日本独有的一种移动互联网商业模式，由日本 NTT DoCoMo 移动通信公司在 1999 年 2 月推出，是一种移动电话服务。I-MODE 用户可以随时连接因特网进行浏览、收发电子邮件、网上购物、网上银行、订票、订餐等，与一般 PC 机拨号上网不同，I-MODE 更像专线上网，这种随时随地传送信息的方式深受用户喜爱。日本移动公司采用分组交互叠加技术，采用简化的 HTML 编辑网站，使传统的 WEB 网站很方便地转变为 I-MODE 网站。日本富山大学图书馆和东京大学图书馆均使用该技术开发 OPAC 查询系统，提供馆藏查询、图书催还、续借通知等服务。但这种模式只有日本适用，其他国家并不适用。

（3）WAP 服务模式

WAP 是出 Motorola、Nokia、Ericsson 等几家公司最早倡导和开发的无线应用协议，是使移动通信设备接入互联网的开放的国际标准，是一种窄带宽传输数据的通信协议。WAP 是无线应用协议的简称，是一种为移动终端提供互联网内容和先进增值服务的全球统一的开放式协议标准，目前最高版本为 WAP2.0。WAP 的最大特点是系统结构的灵活性和协议的开放性，并可利用开发语言的优势，开发出更具交互性的服务界面。采用 WAP 网站可以提供比 SMS 模式更为丰富和强大的功能。WAP 技术已成为被大众广泛接受的无线联网方式，用户可以通过掌上终端设备访问图书馆的 WAP 网站，享受目录检索、查询开馆时间、存取电子期刊论文等服务。

目前，国家图书馆、北京大学图书馆、清华大学图书馆、上海交通大学图书馆、复旦大学图书馆、西安交通大学图书馆、四川大学图书馆、兰州大学图书馆等纷纷开通了 WAP 服务，可以说 WAP 服务是目前国内图书馆比较普遍使用的一种服务模式。

（二）高校图书馆的 VPN 服务

VPN 是一门网络新技术，是在网络中建立一条虚拟的专用通道，让两个远距离的网络客户能在一个专用的网络通道中相互传递数据信息。VPN 为我们提供了一种通过公用网络安全地对企业内部进行远程访问的连接方式。一个网络连接通常由 3 个部分组成：客户机、传输介质和服务器。VPN 同样由这 3 部分组成，不同的是 VPN 连接使用隧道作为传输通道，这个隧道是建立在公共网络和专用网络基础之上的，如 Internet 或 Intranet。

随着图书馆电子资源的增多，读者对 VPN 服务的利用率相应增加，其中校外访问要求也增多。但是，图书馆电子资源作为校内网络资源，由于受地址限制，一般只提供给校园网络用户使用，非校园网络用户无法登录校园网，更无法利用图书馆的电子资源。为解决非校园网用户的需求，提高图书馆电子资源的利用率，专家、学者对其做了孜孜不倦的研究，其中利用 VPN 技术对图书进行远程访问是提高图书馆数字资源利用率的有效途径。

(1) VPN 技术在图书馆服务中的设计

目前，在实际应用过程中，VPN 有多种类型设计。

站点到站点 VPN 连接的是两端局域网，一般用于校区总部与分部之间的连接，为了保证数据在公网中的传输安全，不被窃听、伪装、修改，采用隧道加密和数据加密的方式。站点到站点 VPN 中采用 IPSEC 协议保密数据。IPSEC 协议定义了 IP 数据包的方式，把多种安全技术集合在一起，构建了一个安全而又可靠的“隧道”，保证了网络上传输数据的完整性、真实性和私密性，为两个站点之间的数据传输提供了安全保障。

(2) SSL VPN 设计

SSL VPN 是将一台单独的远程计算机连接到本网络中。SSL 协议是网景公司提出的基于 Web 应用的安全协议，SSL 用公钥加密，通过 SSL 连接完成数据的传输工作，指定应用程序，如 HTTP 等，和底层协议之间进行数据交换的安全机制，包括服务器认证、客户认证、SSL 链路上的数据完整性和保密性。

采用 SSL VPN 的优点主要是读者直接使用浏览器完成操作而无须安装客户端软件；适用于大多数操作系统；具有良好的安全性；维护成本低，部署简单等。

(2) VPN 技术在图书馆服务中的应用

要实现基于 VPN 连接，内部网络必须配置一台基于 VPN 的服务器，VPN 服务器一方面连接内部专用网络，另一方面要连接到 Internet。当客户机通过 VPN 连接与专用网络中的计算机进行通信时，先由 ISP 将所有的数据传送到 VPN 服务器，再由 VPN 服务器负责将所有的数据传送到目标计算机。客户机向 VPN 服务器发出请求，VPN 服务器响应请求并向客户机发出身份质询，客户机将加密的响应信息发送到 VPN 服务器，VPN 服务器根据用户数据库检查该响应，如果该账户有效，VPN 服务器将检查该用户是否具有远程访问权限，如果该用户拥有远程访问的权限，VPN 服务器接受此连接。在身份验证过程中产生的客户机和服务器公有密钥将用来对数据进行加密。只要支持 PPTP 或 L2TP 协议的客户机，不管采用何种操作系统，都可以和 VPN 服务器连接。

第二节　高校图书馆服务的现状与存在的问题

一、高校图书馆服务的现状

（一）从借阅服务转向信息导航服务

随着社会信息化进程加快，知识与信息如潮水般汹涌而至，许多人骤然间面临信息过载的挑战，尤其是大学生，其旺盛的求知欲与活跃的思维特质，促使他们超越传统教科书界限，寻求更广阔的知识海洋。在此背景下，图书馆作为知识宝库的角色愈发凸显，其提供的丰富课外读物成为巩固课堂知识、拓宽学术视野的重要资源。然而，传统图书馆的服务模式受时间与空间的限制，难以满足学生即时、便捷的信息获取需求。幸而，现代网络技术的发展彻底打破了这一壁垒，使图书馆服务实现了跨越时空的飞跃。如今，大学生仅凭一台联网设备，即可畅游全球信息的海洋，于课余时间广泛涉猎，这不仅拓宽了他们的视野，更增加了他们的知识积累，开阔了他们的思维，陶冶了情操，有效促进了个人综合素质的全面发展。不过，网络信息的爆炸式增长往往也伴随着挑战。海量信息中，仅有少数是高质量、有价值的资料。面对如此纷繁复杂的信息环境，部分大学生极易迷失方向。因此，高校图书馆在推动自身向现代化转型的过程中，应肩负起新的使命，即运用现代信息技术，整合馆藏资源与网络资源，从单一的借还服务向深层次的信息导航服务转变。具体而言，高校图书馆的信息导航服务可涵盖以下几个方面。

1．网络信息资源发现报道

这是一种基于专业分析与动态推荐的服务模式，旨在及时捕捉并宣传最新的科技发现与研究成果，为学生提供权威、前沿的信息导向；通过这一举措，高校图书馆将在新时代的教学科研中发挥更加积极、重要的作用。此类服务旨在拉近教学与学科前沿的距离，确保科研探索能够精准对接或超前于时代脉搏，有效规避研究误区，提升整体学术效率与质量。

2．网络常用资源导航

作为知识与信息汇聚的高地，高校图书馆应充分发挥其资源丰富的优势，依据自身条件、馆藏特色及读者的特定需求，构建起涵盖广泛且综合的文献书目数据库。通过精细的分类、深度的内容分析以及严格的筛选机制，实现对馆藏及网络资源的有效整合与有序呈现。同时，加强对特定学科领域内网络资源的深入挖掘与高效整合，创建直观、便捷的检索路径，以满足师生多样化、精准化的信息需求。以淮北煤炭师范学院图书馆为例，其数字图书馆的成功实践，通过提供丰富的专业信息资源，赢得了广大师生的高度认可。

3．专业网络资源导航数据库的创立

数据库作为网络资源深度检索与系统化组织的高级形态，其重要性不言而喻。国际上，如美国加州大学图书馆的信息矿藏及麻省理工学院图书馆的虚拟参考馆藏等，均树立了大型学术性网络导航数据库的典范。我国图书馆界亦应积极借鉴这些成功经验，构建特色鲜明的专业网络资源导航数据库，通过分类链接专业网站，形成层次分明、结构清晰的目录型索引系统。部分领先数据库还可以集成高级搜索引擎功能，支持关键词检索，快速返回相关结果，这极大提升了信息检索的效率与准确性。目前，我国众多图书馆正致力于虚拟馆藏的建设，旨在更好地引导用户高效利用网络资源。

4．信息技术操作导航

随着信息技术的飞速发展，现代图书馆的信息服务模式已发生深刻变革。除传统的目录、索引、文摘等服务外，它开始更侧重于提供数字化数据与网络情报信息。然而，面对这一趋势，不少读者尚存在信息技术应用能力不足的问题。因此，高校图书馆应承担起培养用户信息素养的重任，通过定期开展网络检索技能培训，提升师生的信息检索能力与数据获取能力，确保他们能够有效利用图书馆提供的丰富资源，促进个人学术能力的提升与科研工作的顺利开展。

（二）从提供丰富的馆藏文献资料转向专题跟踪服务

随着信息技术的迅猛发展，高校图书馆的角色正经历着从传统文献资源提供者向专题化深度服务者与跟踪者的转变。作为学术与科研的重要支撑机构，高校图书馆不仅需维护其作为情报资料与咨询服务平台的基础功能，更需顺应知识更新加速、信息载体多元化的时代趋势，精准对接学科带头人与科研管理人员的个性化需求。在这个信息时代背景下，科学知识以前所未有的速度迭代，信息资源的分散化特征显著，科研人员对信息的需求不再局限于传统纸质文献，而是遍布于多样化的信息渠道与平台之中。鉴于此，高校图书馆应紧扣本校学科特色与科研导向，精准聚焦，深度挖掘需求高、利用率高的专题信息，实现信息服务的精细化与高效化。另外，读者研究也是高校图书馆服务优化的关键一环。缺乏对读者需求的精准把握，信息服务的针对性与有效性将大打折扣。因此，高校图书馆需构建信息跟踪服务体系，这不仅是响应教学科研需求的迫切要求，也是图书馆自我革新、持续发展的内在动力。

具体而言，高校图书馆除了向学科教师提供定题信息化服务之外，还要持续跟踪互联网上的专题信息资源，及时捕捉并整合对科研具有实际价值的前沿信息，以个性化推送的方式，确保科研工作者能够获取到最及时、最相关的资讯，从而有效提升科研效率与成果质量。进一步来说，高校图书馆应深化其专题咨询与信息资料服务的内涵与外延，图书馆咨询人员不应该仅限于提供基础的定题信息服务，更应展开对某一学科领域网上资源的联机检索，同时还要承担部分学科研究工作。也就是说，图书馆咨询人员不仅需熟练掌握各种信息检索技术，为用户提供精准的信息导航服务，更应积极投身于学科研究的前沿，参与课题的调研论证与技术咨询工作，实现从信息服务提供者到信息管理与研究参与者的角色跨越。

（三）从校园服务转向远程服务

在教学活动中，传统高校图书馆主要供读者进行直接借阅。然而，随着高等教育及科研教学体系的深刻变革，之前那种比较单一的功能作用已经无法满足师生的需求了，必须加以改革创新。现如今，高校教育科研动态化、开放性的特征日益显著，时间与空间的限制逐渐被打破，师生不必在某一个固定的时间与空间内进行学习与研究活动，而是可以更加灵活地开展学习与研究活动，这样能够更好地激发师生学习与研究的自主性，也能够提高学习效率。在此背景下，作为教学与科研支撑体系的关键一环，高校图书馆的服务模式亟待创新与转型。图书馆的核心竞争力已从单纯的物理空间规模与藏书量转向信息处理能力的强弱、信息量的丰富度及服务方式的完备性。现代信息技术的发展，尤其是互联网的普及，实现了信息触手可及的愿景，极大地拓宽了知识获取的渠道与边界。因此，高校图书馆需积极转变角色，不仅需有效管理既有资源，更应主动开发、整合与本校教学科研紧密相关的电子资源，尤其是高效便捷的检索工具和丰富的网络信息资源。这一转变旨在构建一个超越物理界限的信息服务平台，使读者能够随时随地获取所需信息，深度参与并促进高校的教学与科研活动。

伴随信息技术的飞速进步，远程教育作为一种新型教育模式在全球范围内广泛兴起，并逐渐成为推动国民终身教育的重要力量。高校图书馆作为知识与信息的集散地，应当紧跟这一时代潮流，利用自身资源优势，为远程学习者提供丰富的学习材料与支持服务，助力构建学习型社会。

二、高校图书馆服务存在的问题

（一）资源建设方面

1. 存在资源重复建设现象

当前，众多高等院校在图书馆数字化进程中所呈现出的碎片化、独立运作模式，加剧了信息资源的冗余构建与不合理配置问题，这不仅导致了资金与资源的浪费，也影响了信息资源的有效整合与利用。具体而言，一些高校图书馆采购的数据库资源及电子书刊严格限定于校园网访问范围内，限制了校外用户乃至非直连校园网的本校用户的使用权限。由于不同高校的建设重点和学科设置不同，因此不同高校图书馆的馆藏也有着很大的区别，多数图书馆馆藏都是根据本校情况而建的，难以全面覆盖各学科领域，这对于当前复合型人才培养战略而言，显然是一个不小的障碍。另外，在追求图书馆质量水准的过程中，资金短缺无疑是最为突出的问题之一。因此，深化高校图书馆间的协作与资源共享，被视为一条高效且必要的解决路径。尽管近年来我国在图书馆资源共建共享领域取得了显著进步，但部分内容仍待优化。尽管图书馆的馆藏与服务理应追求全面覆盖，却不应盲目追求大而全，以免造成资源重叠与浪费。一些期刊数据库在中文资源上存在重叠现象。进一步观察可见，其他类型的电子资源亦在不同程度上存在学科覆盖范围上的交叉重复。

2. 特色资源少

此外，特色资源少也是当前高校图书馆建设中一个不容忽视的问题，这主要体现在自建电子资源的稀缺上。目前，各大高校图书馆均配备了多种数据库资源，但多以引进外部成熟产品或参与共建项目为主，自主开发的资源相对较少。除常见的学位论文库、目录数据库及学科导航库外，仅有少数高水平学校的图书馆能够提供独具特色、价值显著的自建数据库服务，这在很大程度上限制了资源的差异化竞争力和用户的多样化需求满足。

3. 资源质量问题

传统印刷型文献往往易于审核与管理，而网络资源发布的审核力度较小，导致了信息质量的参差不齐。这不仅加大了图书馆在网络资源筛选、整合与利用上的难度，也对用户的检索效率与信息获取质量构成了直接影响。因此，在推动图书馆数字化建设的同时，加强网络资源的质量控制与优化筛选机制，成为一项亟待解决的重要任务。

4. 资源配置问题

在当前教育科研体系中，高校图书馆作为知识服务的重要枢纽，其核心功能在于支撑教学与研究活动，其主要服务对象涵盖教师及学生群体。尽管多数高校图书馆已依据本校学科布局构建了相应的资源服务体系，但资源配置领域仍存在显著问题，具体表现为资源利用率低。这一现象的根源可归结为图书馆馆员队伍学科背景单一化及与读者交流机制的不完善，导致所提供的资源与服务难以精准对接实际需求，从而难以充分释放资源价值，造成了资源浪费。

（二）深层次服务方面

1. 咨询服务水平不高

在数字化转型的背景下，部分重点高校图书馆已成功构建起基于网络的数字参考咨询服务体系，并展现出较高水准。然而，仍有一些高校图书馆的咨询服务尚存不足，包括但不限于服务功能局限性大、服务手段不够先进。调查数据显示，当前咨询服务主要依赖于电子邮件、电话、表单咨询及留言板等传统数字化手段，这些方式虽属数字咨询范畴，却仍处于初级阶段，且实施效果在不同高校间参差不齐。尤为值得注意的是，实时咨询与信息推送等高效服务方式仅被少数高校所采纳，难以满足读者对于信息个性化、时效性的迫切需求，在信息与资源爆炸性增长的网络环境下尤显不足。

2. 对于资源的深层次挖掘不够

作为资源组织与管理的专家，图书馆馆员在面对浩瀚的网络信息资源时，面临着新的挑战，即如何有效整合与分析这些资源，为读者提供深度知识导航与个性化信息推送服务。对于高校图书馆而言，特别是针对本校重点学科构建的知识导航系统，其发展水平尚待进一步提升。当前，国内高校图书馆在此领域的探索与实践虽已取得一定成果，但整体而言，距离满足读者深度知识需求、实现个性化信息服务的目标仍有较大差距。

3. 用户教育工作开展的力度不够

随着数字化时代的深入发展，高校图书馆不断向读者推送丰富的数字资源。然而，如何引导读者有效获取并利用这些资源，培养读者自主获取信息的能力，已成为图书馆服务创新的重要方向。遗憾的是，当前国内一些高校图书馆在用户教育工作上显得较为被动，缺乏与读者的有效沟通与互动，更多地将精力集中于电子资源的采购上，而忽视了读者信息素养的培养与提升。这一现象不仅限制了读者信息利用能力的发展，也制约了高校图书馆整体服务效能的发挥。在探讨高校图书馆服务优化策略时，一个不容忽视的方面是对于读者有效利用馆藏资源及其宣传策略的认知不足。鉴于这一现状，高校图书馆在维持并深化传统教育模式，如导读服务、面对面授课、专题讲座等的基础上，亟需把握数字时代的脉搏，积极探索并实施用户教育的新路径。

（三）高校图书馆本身方面

1. 自动化建设水平不高

图书馆必须具备完善的计算机软硬件体系及高效的网络环境，才能有效开展信息服务。然而，我国仅有少数高校的资金投入比较高，图书馆的条件往往也比较好，仍有一些高校图书馆的自动化、网络化、数字化进程缓慢，这直接制约了信息资源的快速检索与利用能力。

2. 读者第一的服务思想没有真正落实

当前，众多高校图书馆的管理框架对读者的管理模式比较统一，这种模式十分简单，对于图书馆馆员来说缺乏挑战性，在某种程度上削弱了部分馆员的职业追求，限制了其创新能力的激发与主动服务意识、市场竞争意识的培养。

3. 馆员整体素质有待提高

目前，在高校图书馆之中，馆员的综合素质尚未达到开展深层次信息服务所需的标准，这在一定程度上制约着图书馆本身的发展。随着时代的发展，读者的需求也在不断提升，在这种情况下，图书馆馆员的整体素质也需要跟上时代的脚步。在数字化时代背景下，图书馆馆员不仅要精通图书情报领域的专业知识，还需熟练掌握信息技术、外语交流等多项技能，成为具备跨界能力的复合型人才。然而，尽管目前高校图书馆馆员队伍质量有所提升，并引入了一定数量的高水平人才，但复合型人才始终缺乏，成为制约服务质量提升与用户需求全面满足的关键因素。

综上所述，高校图书馆所面临的这一系列问题阻碍了其业务开展、服务效能的发挥与事业的可持续发展。鉴于此，高校图书馆亟待实施一系列改革与创新举措，以清除发展道路上的障碍，确保高校图书馆能够在复杂多变的信息环境中实现健康、稳定且可持续的发展。

第三节　高校图书馆服务的创新模式

一、高校图书馆学科知识服务模式

（一）图书馆学科知识服务概述

目前，各领域对知识服务的研究仍处于初级阶段，对知识服务概念的界定还不统一，但各方所提出的概念在以下三个方面基本达成共识：第一，知识服务要以信息和知识的获取、组织、整合、重组为基础；第二，要以解决具体而实际的问题为目标；第三，追求知识服务对问题解答的价值效益。不同领域的知识服务的适用范畴不同，知识服务概念的界定要与相关领域的服务主体和客体的范畴相适应。

学科馆员制度是高校图书馆根据馆员的专业知识背景和实际能力，指定馆员与对口院系建立密切联系，主动为对口院系开展全方位信息服务的一种服务模式。这种服务模式有助于图书馆更好地融入学校的教学和科研活动中，加强信息资源的传递与交流，促进学校教学科研活动的开展，有针对性地为教师和学生利用图书馆信息资源提供帮助，解答他们在利用文献资源过程中的疑惑，为他们的项目研究提供深层次服务。

高校图书馆学科知识服务是指将知识服务与学科馆员制度结合起来，按照学科专业领域组织人力和资源，提供专业化知识服务的一种服务方式。根据知识服务和学科馆员制度的定义，我们可以将高校图书馆学科知识服务的含义界定为，以学科馆员的专业知识和图书情报知识为基础，针对用户在知识获取、知识选择、知识吸收、知识利用、知识创新的过程中的需求，对相关学科专业知识进行搜寻、组织、分析、重组，为教师和学生提供所需专业知识的服务。

高校图书馆富有竞争力的服务必须与学校的学科建设密切相关。相同学科研究领域的科研与教学人员，其科研环境、知识结构、心理特征、研究习惯、行为方式等都是相似的，对于学科知识与服务的共同需求是相对集中的。因此，学科化的知识服务模式能够发挥高校图书馆的优势。构建一个完善、有效的高校图书馆学科知识服务模式是高校图书馆知识服务的重点，也是提升高校图书馆学科知识服务能力亟待解决的问题。

（二）高校图书馆学科知识服务模式的构成

高校图书馆学科知识服务模式由学科知识服务用户、学科馆员、信息资源库、学科知识库、学科知识服务平台等构成。

1. 学科知识服务用户

学科知识服务用户也可称为知识受众，是指通过知识媒介接受知识、获取知识的人或组织。高校图书馆的学科知识用户主要是指高校的教师和学生。

在学科知识服务系统中，学科知识服务用户不仅是知识的接受者和知识产品的消费者，还是知识服务的促进者和激励者，并可能成为未来知识的创造者和知识产品的提供者。高校聚集了各学科领域的专家和学者，他们是知识创新的主力军，使高校成为知识创新最活跃的地带。学科知识服务用户的知识需求状况、利用水平、满意程度，乃至各种反馈意见、评价等都对高校图书馆学科知识服务模式的建立和持续发展起着重要作用。

2. 学科馆员

在整个学科知识服务过程中，学科馆员处于核心地位。学科馆员参与学科知识服务的各个环节，既要具有专业的学科知识背景，又要精通图书馆业务，通过学科化知识智能服务平台向用户提供系统的、全面的知识服务。他们在某种程度上是知识的消费者，在理解问题的基础上，通过对相关学科专业知识（显性知识）的搜集和利用，形成含有自己的经验及思维成果的新的知识产品。

学科馆员的工作内容从以往单纯地依托公共信息资源提供通用服务，转为全面介入资源建设、联合服务、用户培训、信息服务平台维护和参考咨询等整体工作流程；学科馆员的角色从单纯的知识提供者转变为信息资源的建设者、个性化和学科服务的提供者以及学科特色知识库的建设者。学科馆员还能将高校在特色学科方面的资源和服务有机地进行整合，形成馆院协调、灵活有序的工作模式，从而为教师和学生提供简便、高效、个性化、专业化的知识服务。

3. 信息资源库

信息资源库目前包括图书馆的馆藏资源库、各种信息检索系统以及网络资源等。信息资源库主要包括以文献、事实、数据等人类显性知识为表现形式的海量信息，对其进行组织管理的过程可称为信息管理。信息资源库可以按照学科分类来组织和管理信息资源。图书馆在信息管理方面的理论与实践已经相对成熟。信息资源库中的显性知识是学科知识服务的素材和基础。随着在知识组织、知识挖掘、知识发现、知识揭示、智能技术等各方面研究的不断深入，传统的信息资源库将向着包含隐性知识在内的知识库的方向转化。

4. 学科知识库

学科知识库是高校图书馆学科知识服务模式中重要的组成部分，也是知识服务有别于信息服务的重要特征之一。

学科知识库中的知识既包括学科馆员在解决学科知识服务用户提出的问题的过程中搜寻到的显性知识，也包括学科馆员运用自身的隐性知识以及利用从信息资源库中获取的显性知识所形成的，能够解决用户特定问题的新的知识产品或知识成果。这些知识被捕获、录入知识库，并经过加工、整理、评价、排序等程序构成知识库的主体，以便在合适的时机提供给新的用户或者进行进一步加工形成新的、更高层次的知识产品。学科知识库与其他知识库的不同之处就在于其内容是严格按照学科进行分类的。高校还可根据自身的专业优势建立特色学科知识库。

5. 学科知识服务平台

学科知识服务平台是联系学科知识服务用户和学科馆员的媒介，是高校图书馆学科知识服务模式的外在表现形式，既可以是两者得以联系的一个虚拟环境，也可以是一个服务系统的形式体现。学科知识服务用户通过学科知识服务平台享受服务，学科馆员通过这个平台向学科知识服务用户提供服务。高校图书馆学科知识服务模式的各个组成部分均在此平台上以醒目、有序、便捷的方式展现。此平台的建立、维护和发展需要依靠先进的信息技术，并需要对服务过程的各环节进行有效的组织和管理。

学科知识服务智能化平台集成了学科知识门户、学科导航、RSS定制与推送、网络资源揭示、知识挖掘等功能，是一个需求驱动的学科化、智能化服务平台，支持学科馆员的学科需求分析、学科知识选择与集成、个性化服务设计与管理等工作。该平台建立在学科知识库、特色资源数据、虚拟学科大类分馆平台之上，与个人数字图书馆、个性化信息环境相连接，能帮助学科馆员顺利深入科研一线，及时跟踪用户需求，并将与需求对应的个性化服务嵌入用户信息环境中，全面落实学科化、知识化、个性化、智能化的服务目标。

学科导航服务是指对学科及相关学科知识进行归纳、组合、序化与优化，通过学科专业网站全方位地对学科资源进行集成与揭示，以便用户了解该学科领域的资源全貌。学科馆员依托成熟的校园网络和丰富的虚拟馆藏资源，为重点学科建立专业资源学术信息导航网站，使重点学科的专家、学者能够通过专业导航网站方便快捷地利用网上丰富的信息资源，掌握学科前沿动态。

网络资源揭示的主要方式是建立学科导航系统，利用搜索引擎在网络上全面搜索通过选择、评估找到有价值的网站，将收集的相关网页下载、分类、标引，进行有效链接，并按照统一格式对网站进行客观的描述，给予公允的评价，形成便于浏览与检索的学科导航库。高校图书馆有责任承担对丰富的网络学术性资源整序的任务。

学科知识挖掘服务是面向内容的知识服务的一种主要形式。它是通过对资讯进行定性定量处理以挖掘隐含在其中的知识内容的一种服务。其特点主要是进行知识创新，发现知识间的未知的关联。这种深层次的学科知识服务更多地依赖人工智能技术的成熟与发展，支持这一过程的核心技术是特征提取、分类、聚类和关联规则发现知识评价等。学科馆员在对用户需求分析的基础上，进行知识采集、知识过滤与挖掘、知识提供，通过用户满意度评估来评价整个知识服务过程。

定题知识服务主要指学科馆员针对用户的研究课题或学科重点知识需求，自动提供针对性极强的学科专业化定制服务。高校大多承担着研究国家或地方的科研项目的任务，学科馆员要主动承担与科研项目的学科用户联系、沟通的任务，应深入了解课题立项的背景、项目要求与内容、经费及其他情况，设计定题服务方案，制定检索策略，建立定题服务数据库；应通过推送服务不断为该学科科研项目提供最新的专题信息知识以及与课题相关的文献资源、该课题的前沿研究成果、网络资源信息等，做到从学科课题立项到科研成果鉴定全过程的定题跟踪服务；应通过定题知识服务提高知识服务对用户需求的支持力度。

RSS是基于XML技术的因特网内容发布和集成技术。RSS服务能直接将最新的信息即时主动推送到读者桌面，使读者不必直接访问网站就能得到更新的内容。读者定制RSS后，只要通过RSS阅读器就可看到即时更新的内容。

学科知识服务智能化平台集成各种技术与资源，为用户提供全方位、个性化、智能化的学科知识服务。

二、高校图书馆移动服务模式

（一）移动环境下高校图书馆用户信息需求

1. 移动环境下大学生的信息需求

目前，移动互联网逐渐普及，它在人们的日常学习与生活中发挥着越来越重要的作用。在图书馆中，大学生对于时效性高的信息展现出迫切需求，他们渴望通过移动互联网获得图书的借阅状态提醒、图书馆自学座位实时状态等信息。移动环境不仅简化了大学生信息获取的流程，提升了便捷性，还能够对隐藏信息需求进行深入挖掘。借助移动互联网，现代高校图书馆能够更好地满足读者需求，同时也能够更好地实现服务延伸，通过对大学生的隐性信息需求加以挖掘，然后利用微博、微信等移动平台推送信息，使学生原本隐性的信息需求被无形地转化为明确而具体的信息诉求。

2. 移动环境下高校教师的信息需求

相较于学生群体，高校教师的信息需求展现出更为显著的主动性和多元化特征。在高等教育领域，教师不仅负责传授知识，更需将理论与实践紧密结合，以应对复杂多变的教学需求。因此，他们的信息需求涵盖了学科专业知识的深化、实践技能的提升，以及对时事信息的敏锐把握。移动网络技术的发展，为教师提供了即时获取最新学术动态与科研成果的便利，满足了他们按需、随时随地进行信息检索的需求。同时，为了提升教学效果，教师还需广泛涉猎时事新闻、最新科研成果等，以保持教学内容的时效性与鲜活性。

总而言之，移动互联网打破了时间与空间的限制，高校图书馆的移动服务使得师生可以随时随地查询、获取自己所需要的信息，十分便利快捷，这给他们带来了一种全新的阅读体验。

（二）高校图书馆移动服务模式的嬗变

1. 高校图书馆短信服务模式

早期，短信服务作为高校图书馆利用移动技术提供服务的初步尝试，凭借其低门槛、低成本的优势，迅速普及并广泛应用于个人借阅信息查询、预约续借、OPAC 检索及图书馆信息推送等方面。然而，受限于信息承载量，短信服务难以满足大数据时代的服务需求，促使高校图书馆不断探索更为高效、全面的移动服务模式。

2. 高校图书馆 WAP 网络服务模式

WAP 即无线应用协议，是一种全球性的开放协议。WAP 使移动 Internet 有了一个通行的标准，把目前 Internet 上 HTML 语言的信息转换成用无线标记语言（WML）描述的信息并显示在移动电话等设备上，因此 WAP 网络服务模式成为当今高校图书馆移动信息服务最主流的服务模式。借助 4G 的优点，高校图书馆能够充分提供馆藏资源与服务，并将 WAP 网站设计得更加友好与人性化。例如，通过 WAP 平台发布图书馆的各类公告、新闻动态、书刊推荐等，支持用户进行在线资源检索，为用户提供移动阅读等信息服务。

3. 高校图书馆客户端App服务模式

客户端应用程序（App）即客户端应用，即可以在手机等移动终端上运行的软件。伴随4G的全面推广、Web2.0的发展以及智能手机等移动终端的迅速发展，客户端App成为移动网络发展的重点。客户端App操作简单、内容丰富、功能强大，能够实现WAP方式不支持的功能，避免读者繁复的网址输入，因此客户端App成为当今最先进的一种高校图书馆移动信息服务模式。4G等高速移动网络为高校图书馆客户端App的发展奠定了坚实的基础，能够推动客户端App向着更多类型、更多内容、更多功能等方向发展。但是，目前我国高校图书馆的客户端APP服务模式还处在起步和摸索阶段，提供移动客户端App服务的高校图书馆还不多，可提供的客户端资源也不够丰富。

4. 高校图书馆微信公众平台服务模式

虽然客户端App优点很多，但是其研发的工作量和投入经费都非常大，使许多经费有限的高校图书馆都望而却步。微信公众平台的出现成为高校图书馆开展移动信息服务的一个新选择。

微信是一款大家常用的App，但它不是图书馆自主研发的App，而是腾讯公司2011年推出的一种免费的即时手机通信App。微信公众平台是在微信基础上推出的新功能模块，是一个开放的平台，个人和企业可以通过微信公众平台打造一个微信的公众号，进行群发文字、图片、语音、视频、图文消息五个类别的内容。高校图书馆可以通过平台提供的应用程序接口（API）技术，根据自身与用户需求进行二次开发，为用户提供更快、更全、更多的移动信息服务内容。例如，清华大学图书馆的微信公众号定期发送推文，通过指令式互动，支持查询图书馆的书展、讲座、馆藏、个人借阅情况、座位实况等信息。

通过微信公众平台，高校图书馆可以跟每一位读者进行实时的交流与沟通，并且能够根据读者的不同需求推送信息，如可以向大学生提供图书馆的通知、公告与培训信息，提供借阅信息提醒、自习座位实时状态、招聘信息等；对于教师，高校图书馆可以将学科服务整合在微信公众平台上，为教师实时提供学术与科研的相关信息。目前，微信公众平台提供的移动信息服务内容主要包括图书馆馆藏图书的查询、续借、推荐，读者讲座、培训、活动通知，定位服务，实时咨询与反馈等。

总之，微信公众平台服务模式扩大了高校图书馆移动信息服务的外延，弥补了一些高校图书馆在资金投入方面的不足并消除了技术支持方面的障碍，降低了高校图书馆提供移动信息服务的门槛。移动5G的普及使超大文本与视频传输成为可能，高校图书馆可以借助微信公众平台向读者推荐更多的移动内容并提供更丰富的移动视频服务。

5. 高校图书馆移动信息服务云平台模式

移动环境下，读者对信息资源内容与个性化服务水平的要求进一步增强，高校图书馆移动信息服务的基础就是资源建设，为了弥补单一馆藏的不足以及资源重复造成的浪费，构建安全、可靠、高效、统一的云平台至关重要。

因此，应从宏观上建立国家级的共享移动资源内容，通过汇集各高校图书馆订购的馆藏资源构建电子资源内容云，建立高校图书馆间的虚拟“地球村”，使各高校图书馆能够实现资源共享，共同使用移动数字云资源库。高校图书馆通过云内容按需为读者提供全天候的移动服务。当前，CALIS 的 e 读平台已经初步具备了上述功能。

除此之外，美国国家标准与技术研究院（NIST）从用户云服务体验的角度将云服务划分为基础设施即服务（IaaS）、平台即服务（PaaS）、软件即服务（SaaS）三种服务模式。高校图书馆可以依据本馆的用户类型用户规模与用户需求重点突出某一种云服务模式或将几种云服务模式相融合构建本馆个性化的云服务模式平台。

总之，我国高校图书馆在移动服务上不断探索并取得了一定成绩，但真正推出移动服务的高校图书馆仍数量有限，社会覆盖率还有待提高。当前，国内高校图书馆的移动服务模式仍以短信服务为主，而国外是以 WAP 网站访问为主的服务模式。因此，我国的高校图书馆应根据本馆实际情况，开发符合不同读者信息需求的服务方式与创新服务内容。

三、高校图书馆信息共享空间服务模式

（一）信息共享空间的模式、基本原则和目标

1. 信息共享空间的模式

尽管信息共享空间已经成为美国高校图书馆的主流服务模式，但对信息共享空间模式的研究，专家、学者各有自己的观点，其中代表性较强的有两层次模式和三层次模式。

（1）两层次模式

美国北卡罗来纳大学的唐纳德·贝格尔（Donald Beagle）是两层次模式的主要倡导者，他在自身实践的基础上，于 1999 年提出了信息共享（Information

Commons）这一概念，认为信息共享空间是以数字化信息资源环境为背景、为信息供需双方特别设计的一个协同工作空间，它可以使读者与馆员、读者与读者之间进行显性和隐性知识的交流，通过对组织、技术、资源和服务进行有效整合，实现读者的信息交流。他将信息共享空间划分为虚拟空间和物理空间。

虚拟空间主要是指数字资源的网络环境，使用户通过友好的图形用户界面（GUI），利用搜索引擎从各个工作站点获取数字信息服务。服务的内容不仅包括本馆的馆藏书目信息，还包括各种数字信息资源。

物理空间是指通过对馆内的工作场所及提供的各种服务进行组织，为虚拟的数字资源环境提供物理空间上的支持。

（2）三层次模式

贝利（Bailey）和蒂尔尼（Tierney）认为信息共享空间由宏观、微观和综合三个层次构成。宏观信息共享空间是指对全世界的信息，特别是网络信息资源建立起来的共享空间，这是一种广义的概念。微观信息共享空间是指一个拥有计算机或数字技术，以及各种外围设备、软件支持和网络基础设施高度集中的场所。综合信息共享空间能够集成各种数字信息资源，为研究、教学和学习提供相应的信息空间。

此外，吉姆·邓肯（Jim Duncan）和拉里·伍兹（Larry Woods）也提出了三层次的概念，将信息共享空间分为物理层、逻辑层和内容层三个层次，并分析了不同层次存在的应用壁垒。例如，对上网计算机的管理、为各种软件设置许可协议和序列号以及对数据库的访问采用 IP 地址限制等均妨碍了信息的自由流动和共享。

尽管不同专家、学者提出的模式不尽相同，但基本的思想是一致的，即信息共享空间是为读者提供一站式服务和协作学习环境的场所，它整合了图书馆中各种软硬件资源、数字信息资源以及图书馆人员，为读者提供了一个可以进行信息检索，并能进行交流、学习和协作的空间。

2. 信息共享空间的基本原则

根据国外信息共享空间的理论和实践研究，总结构建信息共享空间的基本原则主要由以下三方面构成。

（1）需求动态性

随着读者信息意识的增强，读者的需求呈现动态多元化发展趋势。第一，获取信息的途径多元化，读者除自己查找、借阅书籍，更多的是依赖馆内的主动提供。第二，由于学科的交叉渗透及边缘学科的兴起，读者信息需求内容更加多元化、服务更加知识化。这就要求信息共享空间能够及时对读者的信息需求做出反应，采用先进的信息服务技术来满足读者的动态需求。

（2）服务集成性

信息共享空间是图书馆中研究、教学、学习和消遣的场所，应该为读者提供集参考咨询、多媒体服务、研究型服务和技术服务于一体的集成信息服务。读者通过集成服务机制一站式地获取所需信息，并以最小的成本在最短的时间内获得所需信息。

（3）知识共享性

信息共享空间能够满足读者的个性化信息需求，为读者提供能够协作和自由交换信息的共享平台，这在传统图书馆服务中是无法实现的。在这样一个协同工作的空间中，读者可以通过直接与读者、工作人员、技术专家进行交流获取信息，也可以利用信息共享空间中配备的各种信息设备获取网络信息资源。它是读者获取知识、共享知识以及进行知识创新的重要场所。

3. 信息共享空间的目标

无论信息共享空间采取哪一种模式，它在高校图书馆中的应用要实现的目标有以下几种。第一，提供一站式、个性化服务，以满足读者的信息需求；允许读者自由选择并获取硬件设备、软件资源以及网络信息资源，充分利用图书馆资源。第二，读者可以从图书馆馆员、计算机专家以及多媒体工作者那里获得各种帮助和咨询服务，在信息共享空间工作人员的指导下进行学习和研究，充分体现了图书馆以读者为中心的服务思想。第三，强调集中式学习研究，为读者提供一个良好的学习、研究和交流的空间。第四，培养读者检索、评价和使用信息的能力，从而提高读者的信息素养。第五，作为协助读者学习和进行知识管理的工具，以提高读者进行知识创造的能力。

（二）面向集成服务的信息共享空间的构建

1. 信息共享空间的战略规划

信息共享空间提供的信息服务模式应该是各部门之间以整体优化的方式来提供的服务功能。因此，在战略规划上要强调各部门之间在功能上的协作，减少组织管理层次，使组织机构体系逐步呈扁平的网状管理结构，以促进部门之间的沟通和协作，使高校图书馆的管理工作更加高效化。

信息共享空间的信息服务充分考虑了用户的需求特点，以分布式多样化数字信息资源的整合为出发点，从而充分体现了高校图书馆的服务特征。

2. 信息共享空间的构建要素

（1）物理空间

构建信息共享空间，首要任务就是为读者提供一个舒适的学习和交流的物理空间。空间的构建可以是多媒体的电子教室、供小组交流的讨论室、提高研究水平的咨询室、进行独立创作的单独研究室等。如加拿大卡尔加里大学的图书馆中就设有1个大的教学区和10个大小不等的合作学习研究室，为教师的教学和学生的协作式学习提供了便利的条件。

由于每个读者都有自己的学习方式和习惯，因此在构建物理空间时，要充分考虑到每个读者的需求。如美国德克萨斯州立大学图书馆根据读者的不同需求，通过区分个人与集体、有计算机环境和无计算机环境，对物理空间进行了划分。

（2）资源

信息共享空间是集信息资源、各种软硬件设施于一体的综合性服务模式。除提供传统的馆藏资源（印刷型图书、资料和工具书等）外，信息共享空间必须具备丰富的电子资源（电子期刊、电子图书等）、专业数据库、多媒体文件以及网络信息资源等。

在硬件方面，信息共享空间不仅要提供计算机、通信设备（有线连接和无线连接），还要提供打印机、扫描仪、摄像机、投影仪等外围设备。硬件设施还包括在物理空间中配置的各种舒适的桌椅、沙发等家具设施和宽敞的休息室。在软件方面，要求具备获取电子资源的软件，同时要提供各种办公软件和多媒体播放软件。信息共享空间的工作人员必须不断地更新各种电子资源，根据读者实际需求增设各种软硬件设施，这样才能保证信息共享空间成为知识管理和提高读者信息素养的重要场所。

（3）服务

在数字化环境下，要求信息共享空间提供的服务是集传统的图书馆服务与数字信息服务于一体的集成服务。通过对信息技术、信息资源、服务功能、服务人员、服务机构等各种信息服务要素进行整合，实现整体功能的优化，使用户得到动态的、全方位的、多层次的、多元化的信息服务，读者只需要在信息服务平台就能够获取一站式的信息服务。

服务内容主要包括文献借阅传递服务、信息检索服务、数字参考咨询服务、信息发布推送服务、知识导航服务、馆际互借服务、实时咨询服务和用户教育培训服务。具体到不同的服务，又可进行多元分化，如信息检索服务可以分为光盘检索、联机检索、数据库检索、OPAC 检索和智能代理检索；知识导航服务可以具体分为分类导航、学科导航、主题导航和资源类型导航；读者的教育培训可以分为检索培训、图书馆利用培训和信息素养培训。

同时，要加强与国内外公共、高校及科研院所图书馆的合作，在联合采购、联合编目、馆际互借、公共检索、资源导航、合作咨询、联合培训等方面充分共享资源，提升高校图书馆的综合服务能力。

（4）人员

信息共享空间在空间、资源和服务上的实现需要相应的信息共享空间工作人员的支持，因此人员也是信息共享空间的构建要素。

信息共享空间人员的构成主要包括以下几种。①参考咨询馆员，负责资源使用方面的参考咨询。②信息技术专家，负责计算机软硬件和网络技术的支持。③多媒体工作者，为教师开发多媒体教学软件，并能指导读者进行多媒体制作。④指导教师，利用各种资源进行教学和研究，并能对读者进行一对一地指导。

信息共享空间这一服务模式对人员素质的要求较高，不仅要求工作人员具有与自己的服务相关的技能和技术，还要具备很强的学习能力、领悟能力和实践能力，要能随着信息技术的发展和读者的需求，不断更新自己的知识结构，提高服务水平。因此，图书馆要对工作人员进行定期培训，不断提高他们的综合素质。

3. 信息共享空间的效果评价

在构建信息共享空间之后，最重要的步骤就是对这一服务进行评价，建立起以读者为中心的信息共享空间服务质量评价体系，保障信息共享空间的有效运行。评价内容应综合考虑信息共享空间的四个构建要素：物理空间、资源、服务和人员。

具体方式可以是向读者发放反馈表格，可以对读者进行网上调查，也可以两种方式结合，正确地了解、分析和评价读者对服务质量的感受和要求。根据评价结果，发现服务中存在的不足，不断改善服务设施，改进工作方法，提高服务质量，从而更好地满足读者的需求。

第四节　高校图书馆管理与服务创新的融合发展

一、以人为本管理与服务的融合发展

（一）实施以人为本管理的必要性

在探讨图书馆管理的核心议题时，我们需明确图书馆管理的目的：一是提升社会效益。二是增强经济效益，旨在通过这双重效应的强化，全面拓展图书馆的功能边界，精准对接并满足读者日益增长的文献信息与知识服务需求。为了图书馆自身的可持续发展，也为了间接促进社会文化的繁荣与进步，图书馆以人为本管理模式的转型势在必行。

第一，在图书馆的物理空间建筑布局方面，应深入贯彻以读者为中心、兼顾馆员体验的设计理念。通过精心规划布局，既确保读者能够便捷高效地获取所需资源，又要使工作环境更加舒适宜人，激发馆员的工作热情与创造力，使他们在个性化的服务中展现专业风采与自身潜能。这一举措，不仅是对人文关怀的直接体现，更是图书馆功能放大的重要基石。

第二，面对信息时代的浪潮，传统图书馆被动等待的服务模式已难以为继。我们必须深刻践行以读者为中心的服务理念，将一切为了读者，为了读者的一切，为了一切的读者作为行动指南，积极探索多层次、多元化的服务模式。通过主动出击，精准对接读者需求，激发其利用图书馆信息资源的热情与积极性，从而在全社会范围内构建起对图书馆的深厚情感纽带，包括依赖、热爱与支持。这一过程也将反向促进馆员的职业认同与责任感，激发其内在动力与创造力。

第三，在网络时代背景下，图书馆的发展离不开现代化信息技术的支撑。然而，技术的先进性只是基础，关键在于如何将其与图书馆专业知识深度融合，并培养出一支既懂技术又懂业务的高素质馆员队伍。这些馆员需具备正确的人本观念、深厚的信息素养以及卓越的服务能力，成为连接信息资源与读者的桥梁。唯有如此，图书馆的服务质量才能得到根本保障，其才能拥有持续发展的动力源泉。

第四，图书馆馆员作为图书馆事业发展的核心力量，其工作积极性与创造力对于图书馆的整体效能具有至关重要的影响。因此，馆长应充分关注馆员的需求与发展，通过建立健全的激励机制与人文关怀体系，为馆员提供广阔的发展空间与良好的成长环境。这包括在工作上给予支持、在学习上提供资源、在生活上给

予关怀等。这些措施的实施，可以有效激发馆员的参与热情与创造活力，形成一股推动图书馆事业蓬勃发展的强大合力。

毛泽东曾指出，一切物质因素只有通过人的因素，才能加以开发利用。图书馆人本管理策略，其核心在于将人置于核心地位，致力于全方位营造一种温馨氛围，以获得社会各界的广泛支持，并充分发挥图书馆馆员的创新能力、现代信息技术应用能力，全面提高服务质量，进而推动图书馆事业的繁荣与发展。

（二）以人为本管理模式的设想

1. 图书馆建筑布局

图书馆作为知识与文化的殿堂，其建筑布局应严格遵循《图书馆建筑设计规范》要求，追求庄重而不失雅致，朴素中蕴含自然之美。通过引入喷泉、花圃、绿地及洗手池、直饮水设备等设计元素，营造宜人的外部环境。内部空间则强调通透性与宽敞感，确保自然光线充足，为读者提供明亮舒适的阅读环境。此外，在大厅等显著位置点缀以名人名言、科学家画像及艺术画作，可以增添人文与艺术气息，使图书馆成为提升个人文化艺术修养与科学素养的理想场所。为进一步提升读者体验，图书馆内应设立休闲区域，配备沙发、花木盆景、茶座及饮水机等设施，鼓励读者在此交流思想、放松身心，促进知识的共享与碰撞。

清晰的布局图与读者指南有助于引导读者高效利用图书馆资源。在图书馆内可以增设馆藏机读目录检索用机，并附以详细的使用说明，这样能够实现人、机、书的无缝对接，使读者能够快速便捷地获取所需信息。鉴于图书馆向网络化、数字化方向的快速发展，应配备高性能计算机设备，以更好地支持光盘、磁带等多媒体资料的利用。为此，建议扩大图书馆的多媒体室规模，细分功能区域，如多媒体文献资源保藏区、听力使用区、视听资源使用区及管理服务区，并全面覆盖无线网络，满足携带个人设备的读者需求。此外，在人流密集区域设置触摸屏查询系统，提供天气、交通等实用信息，使图书馆服务更具便捷性、更显人性化。

图书馆应致力于打造一个既宽敞舒适又设备齐全的工作区域，以支持馆员持续学习与创新，从而激发其职业热情与创造力，这是推动图书馆服务创新与发展的基石。现代图书馆建筑的设计需深刻体现以人为本的管理理念，通过空间布局与功能布局的优化，最大化发挥图书馆的综合效能。这不仅是对物理空间的重塑，更是对图书馆作为知识传播与文化交流平台作用的深刻理解与践行，对图书馆长远发展具有不可估量的价值。

将以人为本的理念深植于读者服务之中，标志着图书馆馆员服务理念的根本性转变，即从简单的资源提供者转变为读者知识与信息需求的深度理解者、尊重者与满足者。这一转变不仅体现了馆员对读者价值与权利的深刻认同，更彰显了图书馆行业在人文关怀层面的深刻觉醒与实践。

2. 满足读者需求

第一，重视读者需求。图书馆的各项功能都是为了满足读者的需要，实施以人为本的管理与服务模式，就是要以读者需要为基础开展各项工作。印度图书馆学家阮冈纳赞（Shiyali Ramamrita Ranganathan）提出了图书馆学五定律：书是为了用的；每个读者有其书；每本书有其读者；节省读者的时间；图书馆是一个生长的有机体。在图书馆中要实现以人为本管理与服务，就要以阮冈纳赞的图书馆学五定律为指引，特别是前四项原则，将其作为图书馆服务的行动指南，确保所有服务均围绕读者需求展开，致力于提升服务的可及性、高效性与全面性。馆员应以积极的态度、专业的技能和真诚的笑容，构建起与读者之间的信任桥梁，实现情感与信息的双向流通。

第二，深化对读者需求的研究与分析。鉴于不同图书馆服务对象的差异性，馆员需具备高度的信息素养与敏锐的洞察力，通过有效沟通与互动，精准把握读者的具体需求与个性特征。在此基础上，灵活调整服务策略，提供定制化的信息服务与解决方案，甚至参与到读者的研究课题中，以前瞻性的服务思维，实现馆员提高能力，读者十分满意的良性循环，进一步塑造图书馆作为知识服务与创新支持平台的良好形象。

3. 建立合理的文献资源体系和科学运行机制

在图书资源流通管理的进程中，对借阅情况进行调查统计分析工作，可以更精准地定位重点学科需求，进而优化馆藏资源配置，构建具有鲜明特色的馆藏体系，以最大化馆藏资源利用效率，促进人—书—人循环互动模式的良性循环。

就读者反馈机制的完善而言，应采取包括公开图书馆规章制度、设立实体与虚拟的反馈渠道，如留言簿、购书建议箱、图书馆的线上读者意见箱及面对面咨询服务等，全面收集并重视读者的声音与需求，促进馆员与读者之间的良性互动，共同提升图书馆的服务效能与价值。

读者在利用图书馆服务的过程中，不仅积累了个人知识财富，实现了自我价值的提升，同时也将使用体验与反馈回馈给馆员，这种双向交流成为馆员持续优化服务、调整工作策略的重要驱动力，确保了图书馆事业的持续繁荣与可持续发展。

4. 网络信息资源的共建共享

21 世纪图书馆的构建基石在于传统与现代的深度融合，即传统图书馆与数字图书馆的有机结合，运用先进的现代化技术手段实现信息资源的无缝对接与一体化存取，为用户提供跨越物理界限的全方位服务。尽管技术与设备可以通过引进与自主研发不断升级，但人文关怀是技术无法直接替代的。技术设备的先进性并不等同于读者信息获取的便捷性，因为它们主要是提高管理效率与系统性能的辅助工具。因此，信息素养丰富的图书馆馆员需借助多样化的信息技术手段，从信息的收集、处理、存储、检索、传输到利用，进行高效的信息整合与过滤，将显性知识与自身积累的隐性知识相融合，创造出具有创新价值的信息产品，担当起读者信息导航的重要角色。为践行以人为本的服务理念，致力于构建用户友好的图书馆网站界面，并精心设置新书速递、馆际互借、课题咨询、专题论坛、参考咨询、学科服务等多元化服务栏目，从而为读者提供多元化的信息检索路径与便捷服务。同时，在满足读者科研需求的前提下，积极创造条件，不断拓展服务边界，以更优质的服务助力学术研究与知识创新。为了显著提升图书馆的资源覆盖面与利用效能，图书馆应不遗余力地引入多元化全文数据库资源，包括但不限于中国期刊全文数据库、维普全文数据库、中国优秀博硕士学位论文全文数据库、SCI 数据库等，从而使读者能够随时随地即时获取信息，实现传统图书馆文献信息的保存管理与传播利用的深刻变革，促使文献信息资源在网络环境中实现最优配置、利用与共享。

5. 以人为本的人力资源管理

图书馆人力资源的有效管理与开发，需构建一套能够吸引、稳固并激励人才的机制，营造促进人才成长的良好氛围。为实现人力资源潜力向实际发展优势的转化，应采取一系列策略，创造一个人才辈出、人尽其才的环境，尤其要强化人力资源开发，注重馆员综合能力的培养与提升。

（1）制定有效的管理机制

传统服务观念强调平均主义，这往往会引发部分馆员的惰性倾向，为顺应时代变革，激发全体馆员的积极性与创造力，需坚持人本原则，强化思想引导，通过引入压力、竞争与激励机制，规范馆员行为，使他们公平竞争，并感受到尊重与信任，从而不断激发他们的学习热情与工作动力，鼓励他们持续创新。

（2）加强馆员的能力培训

在图书馆中，要做好馆员的培训工作，这是培育图书馆复合型人才的关键途径。图书馆应建立健全继续教育培训制度，明确培养目标，鼓励馆员参与成人教育、自学考试及图书情报专业的函授学习；组织或支持馆员参与国内外业务学术交流，提供计算机、外语等技能的学习与考试机会，以优化人员结构，全面提升馆员的现代信息技术应用及综合素质，使馆员紧跟时代步伐。

(3) 优化配置人力资源

当前图书馆复合型人才资源稀缺，面对这种情况，应基于尊重个体特性的原则，灵活调整人力资源配置策略，确保每位馆员都能在最适合的岗位上发挥最大潜能，进而推动图书馆整体服务水平的持续提升。在图书馆管理中，要深入理解并挖掘每位员工的能力与专长，结合系统性培训成果，实施分层级管理机制，精准配置部门管理岗位，把合适的人才配置到合理的位置上，确保每位员工能在其最适岗位上最大限度地释放潜能。这一过程需要管理者有效协调，以促进团队成员间紧密协作，共同推动图书馆整体服务水平显著提升。

（四）实现以人为本管理的对策

1. 领导重视，提高认知

图书馆事业发展离不开资金投入，为了促进图书馆更好地发展，图书馆应加大对外交流力度，积极塑造正面形象，以赢得上级部门、领导层及社会各界的广泛支持与资金投入，进而完善图书馆的硬件基础设施建设。同时，图书馆内应确立以品德、知识、能力及业绩为核心的综合评价体系，以衡量馆员综合素质，奖惩分明，促进馆员的职业成长。

2. 统筹规划，分步实施

图书馆管理是一项复杂而系统的工程，必须牢固树立以人为本的管理理念，并以此为基石，科学规划人力资源、物力资源及财务资源的配置与运用，以实现资源效益的最大化。在此过程中，需精细调控管理主体、管理对象与管理中介之间的关系，确保各环节无缝衔接，为读者提供更加优质的服务。此外，还需妥善协调馆内正式组织与非正式组织间的平衡，通过正面干预减少非正式组织的潜在负面影响，营造一个和谐、高效的组织氛围。在图书馆内推行全员管理聘用制，制订合理的、完善的选拔、培养、任用、调配及激励机制，以增强馆员的归属感与责任感，共同推动图书馆事业可持续发展。

3. 加强学习，提高素质

目前，高校图书馆中，复合型人才资源较少，在这个背景下，图书馆馆员应当秉持并践行终身学习的理念，不断加强学习，持续汲取新的知识与技能，以实现个人能力的不断精进，进而提升图书馆馆员整体职业素养与综合素质。这样，他们才能够更好地跟上时代的发展，满足读者日益增长的需要。

4. 读者参与，民主管理

在图书馆事业发展之中，读者与图书馆馆员都属于主体，是发展的核心力量。在以人为本的管理模式之中，这二者同样也都属于管理对象。要实现以人为本的管理，馆员需明确图书馆规章制度，并将其视为行动指南，依据其处理各项事务，实现服务方式、手段和行为的标准化、规范化管理，为读者提供高效便捷的服务，确保对每位读者一视同仁，营造平和的阅读氛围，激发读者的主体意识，提高他们的积极性和主动性，在读者求知、馆员供需、读者反馈、馆员再创造的循环中处理好馆员与读者的平等、和谐、民主关系，共同维护图书馆管理秩序。

图书馆能否赢得良好的社会声誉与效益，实现可持续发展，核心在于是否构建了以人为本的管理模式，特别是是否培养了一支充满活力与创造力的馆员队伍。尽管现在图书馆的部分服务内容已被 AI 技术取代，但馆员仍是不能缺少的重要一员，馆员所具备的服务能力、技术开发能力及创造能力是宝贵的隐形资产，是任何高科技手段都无法替代的。随着科学技术不断发展，网络环境日新月异，图书馆应坚定实施以人为本的管理策略，做好图书馆馆员的招聘、培训与管理工作，提高图书馆馆员的素质与能力，摒弃束缚，灵活应变，使他们充分发挥自身独特优势，唯有如此，方能在激烈的市场竞争中抢占先机，在信息时代的浪潮中稳固立足，赢得一席之地。

二、高校图书馆管理与服务能力提升的路径

服务也需要管理的理念是企业良好发展的重要理念，应用于高校图书馆管理和服务创新也是适用的。

（一）持续完善服务规范和标准

在企业之中，服务是十分重要的。若将服务人员的专业素养及客户体验视为服务的“软件”，则服务规范与标准便构成了服务的基础设施，也就是“硬件”。服务的规范和标准并不是一成不变的，而是应该随着时代的发展不断演变，以更好地适应消费者的需求。对于图书馆来说同样如此，它的主要任务是为读者提供服务，因此，持续完善服务规范和标准十分重要。高校图书馆也要学习企业的管理理念，要持续完善服务规范和标准，为师生提供优质的管理和服务。

（二）不断提升职业素质，超越规范和标准的限制

以电信企业为例，它通过营业厅、客服电话等客户直接接触点，培育出很多服务明星、服务标兵及服务模范，又通过定期开展劳动竞赛，不断提升服务人员的职业素养，激发员工提供优质服务的内在动力。这些激励举措显著增强了企业的服务实力。如今是信息化时代，为了适应新形势下的客户需求，电信企业也在不断适应着时代，对各种管理、服务方式加以改革创新。高校图书馆在管理和服务过程中，要不断提升图书馆管理和服务人员的整体素质，真正做到用心服务，超越图书馆规范和标准的限制，做到最优水平。

（三）自觉扩大服务外延，重视延伸服务并力求落在实处

同样以电信企业为例，其中有众多服务人员已超越既定的服务范畴，主动为客户提供超越期待的价值增值服务，此举赢得了客户的衷心赞誉，也为企业本身打造了一个良好的形象。企业应当敏锐捕捉到这些员工的自发行为，将正面表彰与有效的管理机制相结合，鼓励并巩固此类延伸服务的实行，从而为客户带来超乎预期的优质服务体验，并以此为契机，推动企业向更高层次迈进。

服务对于企业的核心竞争力构建具有不可估量的价值，其既是软实力的重要组成，亦在一定程度上体现为硬实力的支撑。缺乏高质量的服务，企业的持续发展将无从谈起。因此，企业管理者需将服务置于战略高度，不仅要高度重视服务本身，更要建立健全服务管理体系，实现高水平的服务。当然，这也同样适用于图书馆服务与管理行业。图书馆在自身的发展过程中，要自觉扩大服务外延，重视延伸服务，并且要将服务落到实处，做到让读者满意的服务。

第六章　高校图书馆服务创新实践

随着时代发展，读者对图书馆的期望已经发生了变化。他们希望获得更个性化、便捷和互动的服务体验。同时，高校图书馆面临来自其他信息提供者和在线资源的竞争。传统的图书馆服务模式已无法满足用户的多样化需求，高校图书馆创新服务方式迫在眉睫。本章主要介绍高校图书馆信息素养教育及学习支持服务创新、高校图书馆学科服务互动推广及协同创新、高校图书馆学习空间服务创新、高校图书馆数字资源服务创新。

第一节　高校图书馆信息素养教育及学习支持服务创新

一、高校图书馆信息素养教育概述

在数字化时代背景下，掌握信息素养成了一项关键技能。近年间，随着国家对该领域重视程度的提升，国内的信息素养教育已实现显著进步。互联网的快速发展为信息素养教育带来了新的机遇与挑战，高校图书馆作为教育的关键场所，需要做的就是抓住机遇并解决挑战。图书馆在培养信息素养方面扮演着独特角色，并且必须紧跟时代的步伐，采取适宜的策略来推动信息素养教育不断进步。

（一）高校图书馆信息素养教育的必要性

高等教育机构肩负着培育杰出人才的使命，这是它们义不容辞的责任。作为高等教育体系中的知识中心，高校图书馆扮演着信息资源获取与分享的关键角色，配备了丰富的资料和专业的图书管理人员，为信息素养教育的实施打下了坚实的基础。在信息技术持续发展的今天，用户对信息的需求变得日益多样化。高校图书馆需要充分利用自身资源，提高信息素养教育的质量，引导读者如何有效地搜索、评估和综合信息资源，从而增强读者的专业素养，促进高等教育在人才培养方面高质量发展。

（二）高校图书馆信息素养教育的发展趋势

常规的信息素养教育往往侧重于教师讲授，并经常采用面对面的课堂形式，这导致学生常常处于一种被动学习的状态，进而导致教育成果的转化效率不尽人意。然而，随着信息技术的日益进步，教育模式开始向多样化发展，大规模开放在线课程如慕课等和嵌入式教学等创新形式正在逐渐取代单向的传统教学。目前，众多高校的图书馆正在积极探索新的教育模式，利用数字平台举办培训研讨会、能力评估和知识竞赛等，以此增加与读者的互动性，激发他们对信息素养的认识和兴趣，进而提升学习动力。在数字化的浪潮之下，高校图书馆需要摒弃传统的教育模式，寻找并采纳创新的教育策略，致力于提供定制化服务以满足读者的多样化需求。

（三）高校图书馆开展读者信息素养培养的意义

1. 有助于高校图书馆信息素养教育课程改革

在高等教育机构中，图书馆扮演着关键角色，致力于提升包括教师、学生等广泛用户群体的自主研究技能。通过应用知识管理的原理，图书馆助力读者发展独立进行科学探索和创造性思维的能力。在当前的新媒体时代，互动性强、覆盖广泛、超越时空限制、形式多样的传播工具极大地拓宽了用户获取信息的途径。为了适应这一变革，高校图书馆的教育策略需要更新，不应仅仅局限于传统的信息检索教学。图书馆应引入新媒体技术与媒介应用的相关课程，这些课程旨在增强读者的信息检索技能，并教授他们如何使用先进的搜索工具。这样的教育不仅提升了读者获取和利用信息的能力，也使他们能够更有效地应对现实世界中的各种挑战。

2. 有助于高校图书馆开展信息素养教育形式改革

在高等教育领域，信息素养被视为一项关键技能，其培养过程正从传统的讲授式教学模式，转变为更加动态和参与性的学习体验。在这种新模式下，高校图书馆扮演着至关重要的角色，通过新媒体工具来收集并分析读者在信息处理技能方面的实际表现，从而评估并提升读者的信息素养。高校图书馆有了更多机会采用创新的教学方法，不仅能够提高教学的互动性和实效性，也能够根据读者的不同需求进行个性化的教学安排。通过这些教学活动，读者能够在实践中学习如何高效地搜索、深入地分析、准确地获取和批判性地评价信息，逐步拥有独立思考和解决问题的能力。这种教学模式的转变，不仅让读者在轻松愉快的氛围中学习，也极大地提升了读者的信息素养，为读者的终身学习和职业发展奠定了坚实的基础。

3. 有助于高校图书馆馆员信息素养技能提升

在信息驱动的时代背景下，高校图书馆面临着转型的机遇与挑战。新媒体的兴起为图书馆提供了一个平台，可用以提升读者的信息获取能力和数字素养。图书馆需积极推广数字资源和移动服务，帮助读者理解信息访问已不再局限于实体场馆，而是可以通过网络和移动设备即时获取的内涵。这种变革同时要求图书馆馆员更新其专业技能，不仅要有深厚的知识储备，还需熟练掌握新媒体理论和工具，以适应不断变化的信息环境。图书馆馆员的信息素养提升是关键，这不仅能够优化图书馆服务质量，还能促进读者与馆员之间信息素养的共同提升，形成双方受益的正向循环。

二、高校图书馆学习支持服务创新

（一）学习支持服务的概念

起源于分散式教育环境的学习支持服务涵盖了一系列指导和协助措施，旨在协助远程学习者独立完成学术研究并发表学术成果。作为当代教育体系中不可或缺的一环，随着互联网及新媒体技术的飞速进步，这种服务的在线化已成为开放教育机构的一项显著特点和内在优势，是其发展的必然趋势。图书馆的数字化转型和网络服务的提供，对于满足远程教学需求至关重要。近期，高校图书馆在坚持以科技赋能、以人才驱动、以服务为本的办馆方针的背景下，积极汇集和编纂学术资料，致力于为学术教学与研究提供全面支持。新建图书馆的空间设计和技术支持相比以往图书馆的半自动设施均有显著提升，这亦对图书馆的服务质量和专业能力提出了更高要求。

高校图书馆致力于构建以读者为中心的学习支持体系，旨在激发学术研究热情并满足学术研究需求。利用图书馆的独特资源和条件，如设施、专业团队、先进科技和优越环境，可以为学术研究过程中的各种需求提供全面的辅助和支持。这些服务涵盖了从学术资料的供给到技术援助，从学习空间的提供到科研辅助，再到文化素养的培育等多方面。在国内，对学习支持服务的探讨已拓展至多个维度，专家、学者正致力于探索基于社区理念的服务模式，利用数据分析技术优化服务流程，以及从用户视角出发改善服务体验。此外，数字徽章在图书馆学习支持服务中的应用，以及小规模限制性在线课程（SPOC）在混合学习模式中的服务创新，也成为研究的热点。

（二）高校图书馆学习支持服务创新过程中面对的问题

1. 资源分配不均匀

当前，教育领域的资源支持正面临一系列挑战，尤其是在资源配置的公平性和有效性方面。在数字化和移动化技术日益普及的背景下，高质量的在线学习材料相对匮乏，同时，实体资源的利用效率也未达到预期。学习资源的供给与大学所开设的课程紧密相连，不同类型大学的资源需求呈现出明显差异。在那些专注于特定学术领域的高校中，现有的数字资源库、网络资源和学术讲座视频往往内容单一，缺乏创新和多样性。相比之下，综合性大学由于学科覆盖面广泛，它们在数据库的选择和学习资源的提供上展现出更广阔的视野并且能满足更多样化的需求。

2. 特色学习空间尚未开发

目前，特色学习空间的建设尚未广泛实施，这限制了学术项目和研究工作的顺利进行。读者进行学术研究时所需的理想环境未能得到充分保障，这使得他们容易受到外界因素的干扰。为了促进读者进行自主学术研究，图书馆必须提供适宜的空间和稳定的网络环境，以满足读者的学习需求。

3. 反馈机制不完善

高校图书馆亟须完善学习支持服务的反馈机制，当前存在的问题如渠道单一、形式不足、制度不健全应受到关注。高校图书馆必须迅速响应反馈，根据学校特色进行有效整改，以实现服务最优化。

4. 宣传力度有待加大

高校图书馆学习支持服务宣传不足，导致读者对资源和工具使用方法缺乏正确的认识。高校图书馆对特色资源和工具软件的推广不够，读者对这些资源和工具的使用了解不足，影响了使用率。工具软件缺乏明确的使用指南，影响了读者的有效利用。

5. 科研支持服务水平不高

目前对科研的支持力度不够，服务种类有限，且普遍存在资源更新缓慢的问题。必须加强资源的实时更新和共享，提升流通效率，以确保科研工作的顺利进行。

（三）高校图书馆学习支持服务创新策略

1. 加强资源保障

高校图书馆在文献资源建设上扮演着关键角色，它是提供有效学习支持服务的基石。在快速变化的信息时代，图书馆需双重聚焦：一是优化资源配置，扩充数字资源库，并打造一个与图书馆发展同步的数字资源框架；二是提升资源品质，通过评估数字资源的使用情况来提高其效益。通过推动读者参与采购决策，图书馆可以使文献资源的价值最大化。同时，图书馆应深化网络信息资源的开发，改善资源的组织和展示方法，创建一个综合的资源网络，涵盖购买、共享及开放获取的资源。随着开放获取资源日益增多，图书馆需要根据学校的学科特色和现有资源状况，加强对这些免费资源的搜集、整合和开发。开放教育资源作为这一体系中不可或缺的部分，同样需要得到重视。图书馆应系统化地组织网络信息资源，建立直观的导航系统，确保资源的全面性、有序性和时效性，从而提升读者的访问体验。此外，图书馆应加速电子教材和教学参考书平台的建设，与教学相关部门协同工作，不断扩充资源库，并优化使用流程，实现教参系统与教学、课程系统的无缝对接，使教学参考书服务成为学生课堂学习的一部分，推动线上与线下学习的有机结合，确保教学资源的实用性和有效性。

2. 合理分配空间

读者的信息交流需要适宜的空间环境作为支撑。虽然许多大学已配备了自习室和电子阅览室，但缺少了促进团队合作和教师辅导的场所。在移动设备广泛使用的今天，图书馆应确保 Wi-Fi 覆盖以及网络速度满足学生需求。一些高校图书馆进行了巧妙的空间规划，划分了安静学习区、互动交流区和休息区等，提供了多样化的学习环境。这种设计让图书馆从单一的学习场所转变为多功能、互动性强的学习空间，更加贴近读者的需求。此外，高校图书馆还应根据学校特色进行空间设计，确保空间使用规则公平合理，让所有读者都能享受到优质的学习资源。

3. 完善反馈机制

构建有效的反馈机制对图书馆至关重要，它是识别并迅速解决关键问题的有效手段。图书馆应提供多种反馈渠道，确保其易用性、可访问性和以读者为中心。当前的反馈渠道包括实体留言板、官方网站、社交媒体账号、校园应用程序和在线学生论坛等，这些渠道应被定期审查和优化。图书馆管理层需要定期总结和分析收集到的反馈，以便采取改进措施。图书馆馆员必须认识到反馈的价值，确保这一过程不是“走过场”。新生导览中应介绍反馈机制，鼓励读者参与到图书馆的发展中来。作为校园内的公共空间，图书馆应广泛收集并认真采纳师生的反馈意见，不断改进服务，激发图书馆的活力。

4. 加强各部门协同合作

构建学习支持服务的有效生态系统，关键在于多方利益相关者的通力合作和深度参与。高校图书馆需有合作精神，倡导开放协作、资源共享、协调进步的原则，与产业链各环节的合作伙伴以及校园内外的组织建立紧密的协作关系，以确保学习支持服务的全面发展。这包括与出版界、技术供应商、数据提供者等伙伴建立互利的合作关系，利用他们的专业资源和技术创新来构建线上服务，并持续提高图书馆的资源质量、增强图书馆的技术力量，为学习支持服务的实施打下坚实基础。高校图书馆之间也应共享最佳方案，相互学习、相互启发，以实现资源共享和经验互补，减少不同图书馆之间的发展差异。作为高校整体学习支持架构的一部分，图书馆应与学校的整体规划保持一致，由校方统筹规划学习支持服务体系，并促进图书馆与其他校内单位如教务部门和各学院的协同工作，以推动学习支持服务的持续深化和创新。

5. 加大宣传力度

学习支持服务涵盖多种资源，包括学习空间、技术支持、科研辅助和专业人员指导等，旨在满足学生在课堂之外的学习需求，如自主学习、课后辅导和团队合作。图书馆在确保提供学习支持服务的同时，应向读者介绍学习支持服务并对读者进行培训，激发他们利用资源提升自我的能力。为了提高读者的信息素养，学校应在教育课程中融入学习支持服务的相关内容。此外，通过校园网站、社交媒体账号和移动应用程序等数字渠道，以视频等方式进行推广，可以有效加深读者对学习支持服务的认识并提高读者对学习支持服务的使用率。

第二节　高校图书馆学科服务互动推广及协同创新

一、高校图书馆学科服务概述

（一）高校图书馆学科服务的概念

高校图书馆的学科服务是响应用户需求的创新服务策略，它代表了图书馆服务模式的积极转变。过去的图书馆服务模式较为封闭和被动，主要提供基础的检索服务。然而，在新媒体的影响下，图书馆服务模式已经向开放性、主动性、针对性和多元化服务转型。这种转型要求图书馆构建跨学科的团队，以集体智慧和协作精神来实现服务目标。学科服务团队的建立，旨在通过组织化的方式，汇聚具有共同目标和理念的成员，共同推进服务的创新和发展。团队内部的知识共享和交流是团队协作的核心，它不仅促进了成员间的知识和技能互补，还提升了整个团队的专业能力。通过这种方式，图书馆学科服务团队能够更有效地满足读者的多样化需求，实现服务的持续优化和创新。

互联网技术和移动通信技术的迅猛发展使数据库技术、数据处理系统、信息服务平台、移动终端也相应地得到了飞速发展，为开展学科服务提供了技术保障和成果展现的载体。高校图书馆的学科服务团队利用这些技术对信息资源进行收集、整理、分析、加工、存储和应用。

高校图书馆的学科服务涵盖了一系列复杂的知识管理和传递活动。该服务团队将他们所掌握及经过搜集和梳理的知识资源进行深入加工，以满足读者需求。此服务流程涉及两个核心参与者：图书馆学科服务团队和图书馆的使用者。他们之间的知识交流主要通过高校图书馆的数字化信息服务平台进行，该平台是读者获取所需学科知识资源的关键渠道。在这一服务链中，知识资源的流转形式有很多种，主要可以归纳为三种主要形式。

（1）从图书馆馆员到图书馆团队的流转形式

在学科服务团队中，每位馆员都拥有独特的学术背景、知识储备、专业技能以及丰富的工作经验和学习历程。面对团队指派的学科服务任务，馆员互相协助，积极吸收所需的专业知识和技术技能，同时也乐于分享自己的见解和经验。这种互助和分享的文化激励着馆员主动贡献自己的智慧。在这一过程中，每位馆员都可能成为知识的传授者或学习者，共同推动团队的成长和发展。

（2）从图书馆馆员到图书馆学科服务团队的流转形式

在学科服务过程中，为了提高馆员的知识存量和改善馆员的知识结构，馆员会将自身的知识成果提供给团队，团队通过存储和组织知识资源实现知识共享。其他馆员通过信息服务平台可以学习其他馆员的知识，这个知识流转过程把个人知识转变成团队的整体知识。

（3）从图书馆学科服务团队到读者的流转形式

当读者向学科服务团队提出要求后，或者是学科服务团队给读者反馈信息时，都要通过信息服务平台来进行，学科服务团队利用新媒体技术把知识资源传递给读者，完成学科服务活动。

（二）高校图书馆学科服务的内容、重要性及发展

1. 高校图书馆学科服务的内容

随着数字媒介的日益普及，图书馆的学科服务已经从最初探索的萌芽状态，

顺利过渡到一个快速成长的新时期。为了更好地响应和满足学科服务的需求，图书馆正致力于提升学科服务的主动性，以迎合读者日益复杂、专业化和个性化的信息获取需求。图书馆学科服务团队也在持续增强其专业能力，并不断提升对学科服务的投入力度，以实现服务品质的飞跃。

在新媒体环境下，高校图书馆利用现有的图书、文献资源和信息资源优势，结合网络技术和信息资源平台，根据读者市场需求，开展有针对性的学科服务，不断开发适合不同的读者需求的信息产品，提供个性化服务，形成针对不同读者的一站式服务。

2. 高校图书馆学科服务的重要性

图书馆在学校中扮演着关键的角色，作为学术和信息资源的核心枢纽，对于教学和科研活动至关重要。为了适应数据的未来发展，图书馆学科服务需要不断完善，以满足读者对信息服务日益增长和多变的需求。为此，图书馆必须超越传统的服务模式，转向更加主动和创新的服务策略，以凸显学科服务的核心价值。

在数字化技术不断进步的今天，数字图书馆的崛起和大数据时代的到来标志着高校图书馆在学术交流和数字信息传播方面的重要性日益增强，在学科文化建设和学科项目发展中扮演着核心角色。图书馆学科服务不仅是其服务体系的核心，也是教学和科研工作不可或缺的支柱。随着科研工作的前瞻性、学科建设和决策制订的不断发展，图书馆的学科服务变得越来越关键。为了应对这一趋势，许多著名高校不仅重视学科服务的发展，还成立了专门的学科服务部门。这些部门致力于深化服务内容和拓展服务方式，同时不断探索和创新，以提升学科服务的质量和效率。

3. 高校图书馆学科服务的发展

学科服务是图书馆为读者提供的一系列专业服务，包括但不限于学科咨询和知识讲解。鉴于学科服务覆盖面广泛，对图书馆馆员的专业能力和适应性提出了更高的标准。他们必须能够满足学科服务的多样化需求。随着高等教育机构对图书馆发展的日益重视，高校正积极招募和培养专业人才，以确保学科服务的持续发展和质量提升。

（三）高校图书馆学科服务的基本特征

新媒体环境下图书馆学科服务是一个复杂的、人工的系统网络服务结构，也是一个知识生态系统，依靠知识主体、知识资源、知识技术、知识环境四要素的共同作用，合作完成。具体来讲，学科服务具有以下特征。

1. 整体性

在学科服务的过程中，读者所需要的知识资源首先被收集在一起，经过系统的加工，再经过信息服务平台提供给读者。这个过程是依靠各要素之间的关联度联系在一起，共同构成了一个有机整体来完成的。各个要素之间存在相互联系、相互作用、协同工作的关系，它们之间关联度的变化会带来整个系统的变化，影响学科服务的效果。学科服务是在本身的自变量和外界多变量的共同作用下完成的复杂活动过程。

2. 泛在性

泛在就是突破了时空限制，无时不在、无处不在。在数字资源中，由于文献载体已经从纸质存储发展到电子文档、音频文件和视频文件等。所以，伴随着新媒体环境下网络技术和移动技术的广泛运用，用户可以随时利用移动客户端获取自己所需要的数字资源信息。由此可见，新媒体环境是以泛在为核心特点，在泛在环境下的高校图书馆学科服务也同样具有泛在性。

3. 互动性

高校图书馆的学科服务是通过信息服务平台一站式服务完成的，它既可以供读者交流使用，也可以为读者提供信息共享服务。在共享服务中，不但可以供读者共享，还可以供学科服务团队内部成员共享；它的交流可以是服务团队与读者之间交流，也可以是团队内部交流，还可以是读者之间交流。与读者的交流是确保学科服务充分、高效进行的前提条件。新媒体环境下的泛在性使得信息可以实现实时服务，读者可以及时反馈学科服务中存在的不足，以便于高校图书馆学科服务团队可以更好地、及时地了解读者的需求变化，及时更新学科服务信息和内容，从而提高读者的主观能动性。

二、学科服务互动推广的必要性

（一）改进学科服务工作的需要

在高校图书馆的学科服务领域，主动性始终占据着举足轻重的地位。然而，对于图书馆馆员而言，他们在推广学科服务时的互动性认识尚显不足。为了实现服务的精细化和个性化，图书馆必须深入洞察并满足用户的具体需求。这种深入的理解是实现精准服务调整的关键。通过积极的交流和合作，我们可以识别并解决服务中潜在的复杂问题。此外，通过全面的推广策略，图书馆能够扩大共学科服务的覆盖范围，从而提升学科资源的利用效率和服务质量。

（二）扩展学科服务范围的需要

学科服务在高校图书馆中不单是一项高端服务的标签，而是构建在学科发展基础上的全面服务，它为所有读者提供了深度的、多样化的专业支持。与传统的图书馆服务相比，学科服务在资源的深度利用和服务的创新上展现出其独特的优势。要使这一服务理念深入人心并得到广泛认可，关键在于推广和普及。学科服务的成功推进依赖于其理念的广泛传播和深入人心。通过有效的互动推广，可以加强服务与学科建设之间的联系，同时确保服务理念能够触及更多的用户群体。

（三）提升学科建设保障力的需要

学科建设保障力的全面提升，需要相关要素的全力参与和高效参与，需要最大限度的激发学科服务潜能。对自身及其他相关要素需求和供给的全面了解和掌握，是学科服务工作避虚务实、为学科建设提供实质性服务的前提。在各相关要素的充分互动中，才能真正认识和找到彼此存在的优势和不足，进而对学科服务工作进行有针对性的改进和提高。图书馆也只有与相关要素，特别是与读者进行充分有效互动，并进行学科服务的广泛宣传，才能更有效的拓展和深化学科服务。

三、高校图书馆学科服务协同创新

（一）高校图书馆学科服务创新服务模式

作为高等教育机构的知识与信息枢纽，高校图书馆自成立伊始便承担着为教学和科研活动提供全面信息服务的使命。它不仅是文化知识和信息的宝库，更是促进读者知识体系自我更新与完善的平台。在新媒体技术的浪潮中，图书馆的信息获取渠道变得日益多样化和便捷化。随着信息量激增，高校图书馆不再局限于提供基础的文献检索服务。它们开始采用先进的计算机技术、数据库技术和数据处理系统，挖掘和分析大数据，从而精准捕捉并提供满足用户需求的学科知识信息。这一转型不仅提升了服务的质量和效率，也使得图书馆成为连接读者与知识的重要桥梁。

1. 配合学校教学需求和发展，建设课程教学资源库

高校图书馆在新媒体环境下运用现代化的手段针对用户的需求提供有针对性的、个性化的服务，作为学校教学科研的信息保障和支撑单位，首先面对的是高校教学的教材，现代办学思想决定着高校培养全面发展的优秀人才，最基本的因素就是教材，依靠内容陈旧的教材，再优秀的教师也无法教出全面发展的学生。

高校要想打造出业内领先的学科，教材就必须具有前瞻性、学术性、系统性、目标性，单靠个人很难完成，必须依靠先进的设备、大数据处理的手段、具有时效性的大量信息资源，这就要求必须有一支目标明确的专业化教材编写团队，这正是高校图书馆学科服务团队所要提供的服务的内容。高校图书馆学科服务团队可以根据高校学科建设的中长期规划，结合教学人员的要求，利用收集的教学资源数据库，运用大数据手段，协助教材编写团队编写出适合本校学科建设和人才培养的教材。依靠高校图书馆知识生态系统构建的知识资源数据库，逐渐开发、研究出适合不同师生需求的教材教参资源库。

2.开发校园信息资源，建立各类特色资源库

高校图书馆在新媒体环境下构建的知识生态系统，在满足高校教学科研和信息服务的前提下，作为一个开放的系统，它面对的读者复杂多样、读者需求也会各不相同。作为市场化运作的服务输出者，它在满足读者需求的同时，为了增加读者和扩大影响力，必须根据学校的性质和专业特色开发出带有自身特点的学科服务信息平台。高校图书馆知识生态系统所包含的内容纷繁复杂、多种多样，也可说是应有尽有，作为服务对象的广大师生不仅是读者，也是这一系统建设的积极参与者，收集学校信息资源，介入校园文化生活，这一方式既可以丰富学校教学科研资源，也可以建立学校特色资源库，提高校园信息资源的利用率，增强学校和图书馆的社会影响力。

（1）讲座资源

我国经济的发展带动着全国高等教育行业的迅猛发展，各大高校规模不断扩充，专科院校升为本科院校，本科院校升为综合性大学，许多高校从办学范围上都已经难以区别，如何建设特色学科，在众多同类院校中脱颖而出是许多高校亟待解决的问题。许多高校在不断增加学生规模、建设特色专业的同时，也不断加大内涵建设的力度，引进知名教授等人才，聘请客座教授定期讲课、举办讲座活动、举办国际学术研讨会等方法和措施以提升学校学术层次、营造学术氛围，学术讲座就是其中的有效措施之一。举办讲座本身就是高校师生快速接受和了解高端、前沿学术的有效手段和常用措施，在高校师生中有着广泛的人群基础，这一方式备受师生欢迎和关注，它给师生带来的学术前沿理论以及高层次的学术视野拓展都对师生有着重要的意义。

讲座资源对师生而言都是十分重要的，既可以进行学术借鉴，又可以进行知识升华，更重要的是讲座内容中包含着讲述者个人的智慧结晶，可以使师生在思想上得到启迪，开阔师生的研究思路，是高校非常宝贵的智力资源。这些宝贵资

源对学校来说不应是一次性的消费品、使之随意流失，应将其作为宝贵知识资源，要很好地加以保护、珍惜。

高校图书馆是学校文献信息收集和保障的服务中心，讲座资源也是学校文献信息的组成部分。图书馆应承担讲座资源收集、整理、存储入库和应用开发管理的责任，应高度重视对讲座资源的管理工作，加强对讲座资源的深度开发和信息服务平台的应用管理。讲座资源开发与共享，一方面作为学术资源可以丰富图书馆的特色资源库，进一步提升学校的影响力；另一方面作为共享资源突破了时空限制，可以使更多的人共享讲座，既发挥了讲座的作用，也提高了学校的知名度。

（2）视频资源

在新媒体环境下，视频资源越来越多，内容更是纷繁复杂，视频以视觉和听觉的双重冲击给观众留下深刻的印象，声情并茂的视频资源越来越受到观众的欢迎。不论是学术报告、讲座，还是多媒体课程，视频的声情并茂可以很好地把观众带入当时的环境中，感受到主讲人的个人魅力，与观众一起产生共鸣，达到传统手段所无法达到的效果。

针对视频资源管理和开发利用，高校图书馆应该把这个问题上升到关系学校发展方向和发展空间的高度来看待，因为新媒体环境下资源共享越来越广泛，很有可能会打破教师在课堂上对学生授课的模式，现在高校教师资源正处在一个量变到质变的过程，所以高校应该抓住现在、着眼未来，开始在视频资源上下功夫，做好视频教学和教师授课之间的科学分配，充分发挥视频资源的教育性、学术性、权威性、时效性、知识性等特点，使之成为高校教学的有效补充和有力支撑。另外，发挥视频的娱乐性、适应性、知识性的特点，将高校图书馆知识生态系统打造成为具有权威性、学术性的知识共享平台，不断扩大高校的影响力。

（3）图片资源

过去传统的书籍、报刊资料中，除了画报、摄影等书刊外，绝大部分书籍都是以文字形式呈现给读者的，很多时候作者用了大量的文字描述和说明都难以使读者对事物有一个直观的印象。数码科技和智能电子产品，为我们带来了海量的图片资源，图片资源能够形象、准确地反映所说内容。图片资源因为具有客观性，所以与其他类型的文献资源相比能够以更加直观、具体、生动的视觉形象给人以视觉冲击。现在图片资源的数量巨大、题材繁多，又具有分散性、易失性，因此图片资源急需被收集和管理。具体可从以下方面着手。

高校图书馆一方面应立足于学校本身历史和发展的需要，把学校发展中的重大事件、教学与科研、学术交流及重大活动等图片资料作为学校历史性资料加以整理、开发利用；另一方面对收集到的一些老照片、珍贵记忆图片、拓片资料等进行加工整理，形成系统化的、有特色的、便于利用的特色资源库，进行有效的管理和开发利用。

（4）微信、微博等社交工具

在新媒体环境下，各种社交工具的应用使得每个人都能成为知识的创造者。通过高校图书馆知识生态系统提供的社交平台，大家可以自由发挥、发表个人看法，不同的社交圈形成不同的社交人群，大家在交流相同的问题时智慧的火花在无数次的碰撞中显现，可以给其他人以启迪，同一个社交圈的人群更容易达成共识，学校教师之间、学生之间、师生之间可以形成不同的社交群体，不同的群体之间都有交集，群体内可以用社交工具进行学习、教学、科研和个人知识管理，群体间还可以一起协作，这样群体之间能够零距离、零壁垒地相互汲取最鲜活的思想。

（二）学科服务协同创新体系

1．纵向贯通

（1）国家推进

学科服务是我国高等教育事业的重要组成部分，因此国家在政策管理、资金投入和战略宣传将会极大地决定着学科服务未来发展的深度和广度。

（2）高校认同

图书馆学科服务需要高校学科建设部门的响应和互动。①高校领导策划，成立由校长带队、各院系领导兼任的学科化行动组织，为学科服务获取更多的支持；②学科机构配合，凝聚高校校办、工会、学生处、学科办、教务处、科研处等学科机构各部门力量，确保学科服务顺利开展；③学科资源整合，让图书馆的学科服务积极引入实验室、资料室、研究中心等学科资源，较为全面地汇聚、整合学科服务的各类资源。

（3）学（协）会支持

利用图书馆学会的理论推动力量，做好学科服务的宣传和推广。

2．横向协同

借鉴国外 OCLC 及国内 NSTL、CALIS、CASHL 组织的合作经验，积极集聚学科服务的创新力量和人才资源。

（1）学科管理协同

利用（教育部、科技部、文化部）高校院系 + 图书馆的协同模式，成立全国学科服务协同管理中心。

（2）学科资源协同

利用校内（图书馆、院系实验室、院系资料室、研究中心）+ 校外（搜索引擎等数据库商、书商、出版商）+ 国外学科资源的协同模式，构建全国学科资源协同平台。

（3）学科人才协同

利用校内（学科馆员、院士主学科带头人、博硕群体）+ 校外（专家、学者）+ 国外学科人才的协同模式，建立全国学科专家智慧库。

3. 内合外联

图书馆通过内部协同，集中资源，培养专业馆员，打造特色服务。与学生组织和学科机构合作，参与教学科研，提供学术服务。同时，积极拓展国际合作，增强学科服务的学术影响力。

4. 多方参与

学科服务不应仅被视为图书馆学科馆员的职责，也不应局限于图书馆的范畴。实际上，它需要科学界、教育界、学术界、企业界以及普通公众的广泛参与。因此，图书馆应当积极倡导各界人士参与服务管理，鼓励社会力量参与资金筹措，并欢迎公众进行监督。通过这些措施，我们可以将图书馆的小规模行动转变为全社会共同参与的大规模活动。

（三）高校图书馆学科服务创新途径

1. 学科服务与大数据结合

在大数据时代，许多传统数据资源正逐渐消失。图书馆需承担起搜集数据、整合信息的责任，以实现科学数据的有效搜集、保存、管理与应用，这标志着学科服务未来的发展方向。学科馆员在“互联网 +”的创新理念指导下，不仅要开拓学科服务的新领域，还要在创新中塑造独特点，充分发挥服务潜力。通过与学院和部门的协作，为读者打造深度数据服务的路径。大数据的分析和综合能力，将为学科服务、人才培养、科学数据收集提供支持，同时提升科研人员的数据管理与应用技能，为科学研究的数据基础奠定坚实基石。

2. 学科服务与阅读推广结合

学科服务与阅读推广都是利用文献资源的搜集、整合等方式，同时利用图书馆馆员的专业知识，提出相关内容来促进读者阅读的主观能动性。

为提升阅读推广的创意设计，如阅读读书的知识竞赛、书画展、各种节日朗读比赛等，不仅可以开阔读者的视野，还可以多角度地宣传了图书馆的各项资源，提升了读者对科学文化的探索精神。

第三节　高校图书馆学习空间服务创新

一、学习空间的内涵

随着人工智能、5G 通信技术、虚拟现实等前沿科技的进步，以及数字化文献资源的广泛传播，现代图书馆不再局限于传统的阅读功能。读者期待能在图书馆内实现知识的交流与创新。图书馆作为一个动态发展的有机体，正不断演进以适应时代的需求。面对新兴挑战，图书馆需创新其服务模式，打造一个以自主学习为核心，促进知识共享与交流的新模式。

学习空间的概念起源于 20 世纪 90 年代的美国高校图书馆，它通过提供学习支持服务，满足了读者对非传统学习方式的需求。技术革新、教学方法的演进以及图书馆职能的转变，正逐步重塑图书馆空间，使其成为支持多样化教学方法的多功能学习场所。

学习空间从字面意义可以理解为支撑学习的场所，其范围覆盖整个校园，是指以技术、设备、物理空间为基础建构学习环境，结合教学法面向教师与学生所营造的学习环境。学习空间主要分为两大类：正式学习空间、非正式学习空间。在物理学习空间的范畴内，我们不仅能找到传统的正式学习空间，如教室、实验室和多媒体计算机房等，还有诸多非正式学习空间，如图书馆、自习室和体育场馆等。虽然正式学习空间是学生学习的中心地带，但非正式学习空间同样重要，它们在培养学生能力、塑造个性和促进学生全面成长方面扮演着日益关键的角色。实际上，我们可以看到，正式学习空间与非正式学习空间之间的界限正在变得模糊，它们正在逐步实现融合。

二、高校图书馆创新学习空间服务

随着时代发展以及科学技术不断进步，用户需求向多元化、个性化方向发生转变，为了满足用户需求以及图书馆自身发展，众多高校图书馆纷纷革新，多类型学习交流环境迅速发展起来，这些空间的设置及其所提供的服务增添了图书馆多元化的空间服务形式。

学习空间已经成为衡量新时代图书馆服务质量的新标杆，并且是图书馆服务创新的关键增长点。随着新智能技术群体的快速发展，图书馆在空间设计、层次结构和智能化方面的突破日益显著。这些进步极大的提升了用户在图书馆的场景体验、价值感知和满足感，同时也使得图书馆的空间规划和布局更加合理，服务更加便捷，基于情境感知的应用更加人性化。这些变化不仅使图书馆的空间架构和功能布局更具扩展性，而且推动了图书馆在数字环境中的服务转型。

高校图书馆的创新学习空间服务致力于满足读者的创新学习需求，通过空间服务和多样化活动，如培训，助力读者在科研和创新项目中提升学习能力。这种服务强调知识的更新与重组，鼓励读者自主学习并参与团队合作，实现知识的交流与共享。图书馆的目标是培养读者的创新能力和素养，而非仅仅关注成果产出，更重视创新过程和体验的质量。

三、高校图书馆创新学习空间服务提升思路

（一）以读者需求为导向，坚守图书馆初心与使命

图书馆面临的主要矛盾在于其服务能力与读者日益增长的多方面需求之间的不平衡。要解决这一矛盾，图书馆需将满足读者需求作为核心任务，贯彻服务宗旨，即致力于提供卓越的服务，以促进图书馆的持续转型和进步。

图书馆在提供服务时面临的挑战是满足读者的多样化和多层次需求。马斯洛的需求层次理论指出，人类的需求从基本的生理需求逐步上升至自我实现的需求，共分为五个层级。将这一理论应用于图书馆的空间服务，读者的需求可以具体分解为对空间使用、环境、尊重以及知识服务的需求。具体来说，图书馆需要提供完备的学习空间和相应的资源与设施，确保每位读者都能平等地利用这些空间。同时，图书馆还需维护良好的学习环境，通过有效的音量管理，确保不同学习空间的相互独立，为读者提供一个静谧且不被打扰的学习、科研和休闲场所。在提供服务的过程中，图书馆馆员应展现出对读者的尊重，并鼓励读者之间形成相互尊重的氛围。此外，图书馆应不断更新和丰富其知识服务，利用先进的技术和方式，为读者提供全面、多样化的知识支持，帮助他们激发个人潜能和实现自我发展。

图书馆做好读者需求管理工作，需要做到如下方面，第一，优化图书馆空间

布局，提供多类型学习空间，完善并及时更新图书馆空间使用规章制度，包括预约制度、音量管理制度、资源使用制度；第二，配备高素质、高水平的专业图书馆馆员，耐心周到地为读者提供服务，如参考咨询服务、学术服务等。

（二）优化空间布局，建设新型学习空间

为了满足读者空间使用的需要，国内高校图书馆应该建设更多具备知识获取学术交流，静心思考等功能的新型学习空间，如创客空间、虚拟学习空间、精神冥想空间，把图书馆逐步打造成集文献中心，知识服务中心、自主学习中心、校园文化中心为一体的知识创新服务平台。

图书馆致力于创建前沿的创客空间，如 3D 打印和虚拟现实体验区，以此激发读者的创造力和对科技的感知。这些创新区域不仅迎合了读者对创意实现的追求，也体现了图书馆作为科技体验平台的转型。尽管国内高校图书馆在这一领域的探索尚处于早期阶段，但已有的实践表明，通过资金和技术支持，图书馆能够成为创新和学习的重要基地。同时，图书馆正通过建立虚拟学习空间来扩展其服务范围，这些空间不受传统数字资源的限制，促进了信息的广泛共享和有效传递，进一步丰富了图书馆的资源。线上服务的重要性愈发凸显，虚拟学习空间的即时性、便捷性和效率性成为其显著优势。借鉴国际高校图书馆的先进经验，我国高校图书馆可以持续提供在线教育课程、学术讲座，并通过特色数据库服务满足读者的特定需求。展望未来，图书馆服务有望进一步拓展至机构知识库领域，实现服务的多元化和深入化。

开设精神冥想空间，让读者在学习的间隙享受难得的安逸。为提高图书馆的空间利用率，可以将精神冥想区建在图书馆室外，借助其宁静、空旷的环境更能达到安神静心的效用。

（三）优化空间服务内容，打造特色学术服务

图书馆为响应读者对空间知识服务的需求，应参考其他优秀图书馆的实践。图书馆的服务不应局限于提供创新和多样化的学术服务，还应致力于提升服务内容的专业度和深度。通过将学术服务融入空间设计，图书馆能够塑造其独特的品牌文化，从而推动自身转型与持续发展。

图书馆致力于提供以知识集成和挖掘为核心的特色服务，如科研数据服务和数字人文服务。科研数据服务对于推动国家治理体系现代化至关重要，是衡量图书馆学术服务能力的重要标准。科研数据服务不仅支持图书馆的科研发展，还为读者提供个性化的学术服务，增强了读者在交叉学科领域的服务能力。数字人文服务预示着高校图书馆服务的未来方向，它将数据管理与知识服务紧密结合。通过与虚拟学习社区的互动，数字人文服务使图书馆成为读者心中最舒适、最安全的学术空间。

（四）健全创新服务机制，激活服务管理力量

高校图书馆需建立一套创新服务管理策略，以激发学习空间服务的潜力，确保服务的高效和卓越。以下是提升服务管理的几个关键策略。

（1）构建创新学习空间的管理框架

目前，高校图书馆在创新学习空间的管理上存在不足，这限制了服务的发展潜力。图书馆应引入国内外的先进管理实践，结合自身特色，制定一套促进学习空间服务和创新的制度。

（2）提升馆员的专业能力和服务理念

通过系统的培训和管理，增强馆员的专业技能和服务意识。定期组织工作管理会议，确保管理理念的贯彻执行，并通过各种活动，加强团队的凝聚力和专业成长。

（3）实施服务质量的持续监控与评估

通过定期评估服务效果，总结服务的优势与短板，不断优化服务流程，提升服务的整体表现。

第四节　高校图书馆数字资源服务创新

一、高校图书馆数字资源服务创新方法探讨

信息技术已经深入我们的工作和生活的方方面面，这也推动了图书馆在文献资料、服务和管理方面向信息化转型。在中国，众多高校图书馆已经着手建立电子文献库或采购各类电子数据库，使得数字资源服务方式呈现多样化趋势。随着像万方数据和中国知网这样的企业加入数字文献资源的建设中，图书馆的服务体系、资源类型和用户群体都经历了显著的变化。这些变化为高校图书馆现有的信息服务理念和方法带来了前所未有的机遇和挑战。因此，探索图书馆信息服务的创新方法，已经成为学术界和图书馆管理者共同关注的热点，既是理论研究的重

点，也是实践探索的课题。

（一）高校图书馆数字资源服务创新的必要性

1. 知识社会中文献数量和类型增加

知识社会促使学科分类不断细化和增加，文献数量和类型也不断增加。在各种文献中，脱离传统纸质文本的纯粹数字资源的比例开始增加，数字资源的类型和载体也开始多样化。如用户视频点播（VOD）中的数字资源信息既可能是通过光盘存储，也可能是通过网络或者卫星传播。这就要求高校图书馆对数字资源服务技术和管理方式进行创新。

2. 市场经济中数字资源服务主体增加

在印刷型文献作为主要信息媒介的时代，图书馆曾是社会信息服务体系的核心。然而，在当前的知识经济和信息社会背景下，众多企业纷纷涉足电子资源信息服务领域，图书馆的传统权威和中心地位正面临挑战。例如，赛迪网络和中国互联网络信息中心（CNNIC）已开展商业信息服务。知名的市场研究机构零点调查，近两年推出了“零点指标”服务，通过其内部刊物如《第一手》《全球数据观察》《零点近论》等，推广和销售涉及汽车、房地产、电信、快速消费品、物流和媒体娱乐等多个研究领域的最新成果。除了与商业信息服务机构的竞争，高校图书馆之间以及与政府公共图书馆之间也存在竞争关系。随着数字资源服务提供者的增加，高校图书馆必须在数字资源信息服务方面进行创新，以应对日益激烈的竞争环境。

3. 图书馆学理论发展的必然要求

阮冈纳赞早在1931年就提出了图书馆学五定律。1995年，美国著名图书馆学家戈曼（Gorman）等人在图书馆学五定律的基础上，又提出了图书馆新五定律，其主要内容是图书馆服务于人类文化；掌握各种知识传播方式；明智地采用科学技术提高服务质量；确保知识的自由存取；尊重过去，开创未来。两个定律都指明了图书馆应该以最少的时间，最快的速度，为最多的用户找到最多的信息；两个定律预示着信息时代图书馆理论发展必将以用户第一，服务至上为宗旨；两个定律也必然要求高校图书馆在数字资源信息服务中进行理念创新和方法创新。

（二）高校图书馆数字资源服务创新方法

1. 信息资源建设细分化

构建数字信息资源是图书馆服务创新的基石，它涉及硬件和软件的协同。在这个信息化飞速发展的时代，高校图书馆并不缺乏信息资源类型，真正缺乏的是筛选和优化庞大信息资源的有效策略。图书馆在信息资源建设上，应借鉴市场营销的细分原则，精准定位目标读者群体，包括不同教育背景和专业领域的学生与教师。通过提供专业且经过精心筛选的信息资源，图书馆能够更好地满足读者群体的特定需求。

高校图书馆正致力于推进信息资源的细分化建设，以实现服务创新。这包括精选专业数据库以深化内容并确保信息的时效性，如新华社多媒体数据库、国研网经济数据库等，这些资源为学术研究提供了宝贵的数据支持。同时，图书馆也应根据学术领域的不同需求，有针对性地采购相应的数据库资源，如人大复印资料针对人文社科领域的文献，中国期刊数据库则满足理工科论文的需求等。此外，图书馆还需重视发展与学校特色紧密相关的自建数据库，无论是边疆地区的民俗文化数据库，还是具有地方特色的数据库，或是本校学位论文的学术文库，这些都是图书馆创新数字资源建设的重要组成部分。通过这些措施，图书馆能够为提高信息服务质量打下坚实的基础。

2. 信息服务管理人性化

良好的信息资源需要有良好的信息服务管理方法，只有这样才能保证信息资源效益的最大限度发挥。鉴于目前高校图书馆读者群体的多样化和需求的动态化，信息资源服务管理应该特别注重人性化。具体可以从以下几个方面着手。

（1）信息服务制度建设应该人性化

制定规章制度应该遵循以读者为核心的原则。除了在规章制度的内容上应该尽量考虑到不同读者的不同需求外，在规章制度的措辞和公布方式上也应该考虑到读者的感受。

（2）数字资源服务方法应该在创新中体现人性化

如原文传递服务中不必要求读者到现场填写单据；电子资源阅览室可以为读者准备好干净舒适的鞋套并大量摆放可以吸收辐射的绿色植物；信息咨询台应该提高服务主动性；在对违规用户的教育中采用引导说服而不是罚款等。只要遵循人性化的原则，高校图书馆在电子资源服务中就一定能够探索出创新的新道路来。

3. 信息资源服务个性化

信息资源建设细分化为信息资源服务中的个性化创新奠定了基础，而信息服务管理人性化则为个性化提供了思想指引。个性化服务，指的是基于信息读者的信息使用行为、习惯、偏好和特点来向读者提供满足其各种个性化需求的服务，图书馆个性化服务可以归纳为服务资源的个性化、服务方式的个性化和服务内容的个性化三个方面。在此仅对个性化服务方式中的Mylibrary系统进行简单的探讨。Mylibrary系统是我国不少高校图书馆使用的系统，但大多数高校的Mylibrary系统仅限于借阅记录，没有体现出个性化信息管理系统的优点。在理想化的Mylibrary系统中，读者应该可以通过系统界面、资源集合、检索工具、系统服务等的定制来创建愉悦的个性化界面以及对图书馆及网络资源与服务便捷的链接；Mylibrary系统则应该可以收集读者的专业特征和使用习惯等信息，能通过推送技术及时为用户提供新的数字资源信息。

随着信息和网络在学习、工作中的广泛应用，高校图书馆作为读者获取电子资源的重要渠道，高校图书馆只有不断完善电子资源的服务体系、服务方式，进行一系列的服务创新才能满足读者的需求，最大限度地发挥图书馆的功能。

二、基于MOOC的高校图书馆服务创新研究

大型开放式网络课程（MOOC），本质上是由具有分享和协作精神的个人或组织在互联网上创建的开放性大规模在线课程。它们的主要目的是提升专业知识传播的效率。自MOOC出现以来，学术界专家、学者开始密切关注这一趋势，并推动了其快速发展。目前，高校广泛开展MOOC项目，引发了教育体系的系统性变革。在这一背景下，图书馆作为教育体系中的重要支持机构，需要为适应这种创新教育模式和平台做好充分准备。因此，研究在MOOC环境下高校图书馆服务的创新和人性化发展策略显得尤为重要。

（一）MOOC对于高校教育事业和图书馆管理服务工作的影响

1. 对高校教育事业的影响

MOOC作为一种新兴的开放教育模式，通过互联网为广大学习者提供了丰富的高质量教育资源。它不仅跨越了年龄和地域的界限，让教育资源共享变得更加广泛，还促进了教育公平，确保不同背景的学习者都能接触到前沿的学术知识。

MOOC作为一种创新的学习模式，极大地促进了高等教育公平性的提升。通过消除院校间的界限，MOOC确保了不同地区和阶层的人们能够及时获取最新的教育资源，从而在不知不觉中提高了教育的公平性。此外，MOOC还有助于提高高校的综合教育水平，同时避免了大量成本的投入。越来越多的大学生参与MOOC课程学习，他们可以根据个人的专业需求和兴趣，在知名高校中选择和学习相关课程。这种方式不仅持续提升了专业课程的教学质量，而且网络教学的形式也有效减少了成本开支。学生可以通过在线平台直接访问顶尖高校的课程资源，

这样不仅提高了教育的效率，也降低了教育的门槛。

MOOC 的推广为高校教育创新和改革注入了新动力。它鼓励将前沿科研成果整合进高校的课程体系，并全面革新现有的教学与学习模式。至今，众多著名高校已经开始开发高质量的 MOOC 课程，这些课程不仅优化了传统教学内容和方法，还融入了先进的教学理念和技术。这样的举措不仅提升了教学互动性，也加快了高等教育整体的创新改革步伐。

2. 对高校图书馆管理服务工作的影响

MOOC 的兴起为高校图书馆改进管理服务工作带来了新的契机，特别是在其教育职能、信息资源和服务模式方面。以下是这些发展机遇的具体体现。

首先，MOOC 极大地丰富了图书馆的教育角色。作为学术信息的中枢，图书馆一直是学校信息化进程的核心，它不仅承担着信息资源的存储与分发、数字化产品创新与设计的责任，还提供信息娱乐和网络导航服务。图书馆的使命在于提升教师的教学质量和提高学生的学习效率。MOOC 的融入打破了校园的物理界限，为图书馆增添了新的服务维度，即课程学习支持。在 MOOC 的推动下，高校图书馆要持续作为学习的核心场所，就必须将 MOOC 整合进其发展战略之中，以此全面激发图书馆的教育服务潜能。

其次，MOOC 极大地丰富了高校图书馆的信息资源。目前，随着教师和学生对 MOOC 的关注度急剧上升，全球范围内多个国家已经开始打造具有本土特色的 MOOC 平台。这些平台不仅吸引了众多专家、学者贡献他们的精品课程，而且为世界各地的学生提供了一个快速注册和学习的通道。这个做法，不仅极大地方便了国际学生的学习，也使高校图书馆的信息资源得到了前所未有的充实和提升。

最后，MOOC 的兴起正在重塑高校图书馆的教学辅助资源及其服务方式。目前，图书馆的电子教材主要分为两类：电子版图书和传统图书的数字化版本。这些资源通常存储于不同的数据库或图书馆的独立系统中，尚未全面整合到课程管理系统中。然而，在 MOOC 的推动下，教学和学习活动趋向于自主探索，教学资源大部分数字化。这表明，高校图书馆的教学辅助资源的形式和服务流程正在经历着根本性的变革。

（二）MOOC 环境下高校图书馆的角色定位

MOOC 的兴起给高校图书馆带来了新的发展机遇，给高校图书馆馆员创造了一个实现自我价值的机会，图书馆在MOOC环境下发挥重要作用，并扮演以下角色。

1.MOOC教育的宣传者与推广者

MOOC和图书馆的共同点就是倡导教育资源的开放和共享。高校图书馆作为学校教学科研的重要辅助部门，应该成为MOOC教育的积极宣传者和推广者。

高校图书馆拥有专业的信息服务人才、先进的技术和设备，以及丰富的资源和信息服务经验，这些优势为图书馆宣传和推广MOOC教育提供了方便。

2.信息资源导航

MOOC教育模式下，用户要求图书馆为其提供更加专业、全面和有价值的信息资源。图书馆在信息的筛选、甄别、收集和整理方面具有绝对的专业优势，起着信息资源导航的重要作用。

图书馆馆员能够将庞杂的信息进行有序化整理，从中找出有价值的、可利用的资源，以供用户学习和检索使用。针对教师，图书馆可以为他们的MOOC教学提供相关的参考文献和图书期刊等基础性的文献资源；针对用户在使用MOOC时遇到的各种问题，图书馆可为他们提供文献资源查找、软件工具应用、最新资源推荐等服务，确保用户能正常使用MOOC。另外，对于非高校的MOOC用户来说，图书馆可通过构建MOOC课程资源库，为用户提供一站式信息检索服务，方便校外用户查找资源，并在为用户提供信息的同时引导用户合理选择资源，帮助用户提升获取资源的能力。

3.信息版权顾问

MOOC教育模式下，任何人都可以参与学习并获取课程资源。同时，MOOC提倡学习者知识共享，并会利用信息推送工具推荐相应的学习资源。然而，在教育资源开放共享的同时，网络教学形式却有着比传统课堂更加严格的版权限制，如何化解MOOC教育模式下教学和资源利用之间的矛盾，避免版权的法律纠纷，成为高校图书馆的新任务。

国内图书馆可以借鉴国外图书馆的实践经验，在参与MOOC教学的过程中，不仅要满足教师和学生对信息资源的需求，还要为他们提供必要的法律咨询、版权保护建议等方面的服务，及时发现和化解MOOC课程中的版权风险。图书馆要积极引导师生合理使用MOOC资源，避免版权纠纷，可通过编写MOOC版权指南，指导用户正确使用文字、图片、视频等资源，当用户需要使用未经授权的资源时，图书馆应出面与出版商谈判，协调各方利益关系，获取版权和内容的开放许可。

4. 信息素养教育者

MOOC 教育模式下，学习资源丰富多样，这对学生选择信息、获取信息、辨别和处理各种类型信息的能力提出了更高的要求。

在 MOOC 教育模式的浪潮中，高校图书馆拥有在信息素养培育上的深厚积累。它们能够运用这些优势，通过创新的服务方式，进一步提升学生的信息处理技能。图书馆可以开展多样化的教育项目，教授学生如何高效地搜集、整理和检索网络信息资源。通过与学校教师的协同，图书馆可以将信息素养的培训内容自然地嵌入专业学科的教学计划中，加强学生在学术资源检索方面的实践能力。图书馆馆员可以为学生制作详尽的指导材料，涵盖资源的定位、获取、评估等关键环节，以辅助学生深入学习和研究。此外，图书馆可以开设专题信息素养课程，深入讲解 MOOC 平台的使用方法，指导学生如何高效利用在线资源，以及如何整合各类信息资源来解决学习过程中遇到的各种问题。

（三）MOOC 环境下高校图书馆的功能定位

MOOC 平台改变了传统的教育模式，使得图书馆在 MOOC 教学中的地位也逐渐提升。线上的图书馆将线下资源充分整合到线上，使高校图书馆打破了原有的被动局面，通过技术与资源的不断整合，增强了图书馆服务的主动性与嵌入性，为构建新型图书馆服务创造了有利契机。MOOC 环境下高校图书馆的功能主要体现在以下几个方面。

1. 版权保护咨询

由于 MOOC 主要是在线完成的，尤其在互联网时代，其版权问题更为突出。网络的公开性使保护版权成为 MOOC 发展的瓶颈，对此可以借助图书馆很好地解决这个问题。美国杜克大学图书馆推出的有关版权问题的许可服务能够解决大部分教学资源的版权问题，这项服务受到多数高校教师的青睐，由于访问者数量过于庞大，教务部门还特别为图书馆的学术交流办公室提供了资金支持。

2.MOOC 课程长期保存

图书馆在管理数字资源方面面临诸多挑战，尤其是如何有效保存这些资源以防止信息丢失。除了长期存储纸质资料，图书馆还需确保数字资源的安全性和可访问性，这是图书馆核心任务之一。需要注意的是，MOOC 课程资料通常托管在远程服务器上，一旦遇到网络故障或服务提供商停业，这些资源可能会丢失，给图书馆的长期保存工作带来难题。因此，图书馆需要采取多种措施来提升数字资源的持久存储能力，确保学生能够持续访问这些资料。这不仅是对学生提供支持的体现，也是图书馆保护自身无形资产、确保自身利益的关键行动。

3. 建设学习知识库

MOOC 的发展并不是一成不变的，在动态发展的过程中，管理者要对知识进行不断的更新、整合与优化，使学习者获得前沿性的知识，使图书馆成为学生学习的重要工具。学生在学习的过程中能够获得很多有价值的信息，而科研人员也会将各种研究成果公布出来，使知识库不断扩张。知识库的建设和完善对于 MOOC 平台上的高校而言，既能够使高校获得展示的机会，又能够加强高校之间的交流与合作，以此提升高校在国际上的知名度。此外，MOOC 平台还可以促进高校之间的教学资源整合与优化，使获得学术资源的经费降低，高校还能以此来吸引更加优质的生源以及师资力量。

4. 提供技术支持服务

新兴的社交技术为图书馆的融入教学和科研活动提供了新动力，促进了服务模式的创新，使图书馆服务得以升级至更先进的水平。在网络课程领域，尽管教学视频的下载服务为学生提供了便利，但在教学支持和师生互动方面仍存在不足。MOOC 平台以其创新性解决了这些问题，它不仅能够迅速更新并上线课程资源，还提供了一个实时互动的环境，让教师能够迅速收到教学反馈，学生能够及时解决问题。

尽管 MOOC 仍处于早期发展阶段，但其快速增长的势头显示出巨大的潜力。依靠先进的计算机网络技术，MOOC 不断在资源和结构上进行改进，强化了其普遍服务的能力。这种发展趋势对图书馆产生了积极影响，推动了图书馆服务的提升和完善，使图书馆能够提供更高质量的学习材料。在 MOOC 环境下，图书馆的角色变得更加明确，发展方向变得更加清晰，有助于推动图书馆的持续进步和成长。

（四）MOOC 对图书馆服务的要求

1. 需要图书馆教学参考资源作为支撑

MOOC 教学模式的开放共享使得 MOOC 教学分散，无法集中开展教学，因此，广大学生对 MOOC 教学参考资源的需求非常迫切，希望能够通过网络方便快捷地获得所需的文献资源。因此，图书馆丰富的教学参考资源成为 MOOC 教学的重要支撑，图书馆应该针对 MOOC 教学的需要选择优质的教学参考资源，满足广大学生学习 MOOC 课程的需要。

2. 需要图书馆提供学科信息导航服务

MOOC 非课堂教学的特点使得学生对学科文献资源的需求更加突出，图书馆应发挥在传统文献咨询领域的特长，建立学科资源导航网站，方便学生按学科查找相关教学参考文献资源。MOOC 的快速发展，为图书馆开展数字教学参考资源服务提供了对象，因此，图书馆应进一步加强对学科文献信息资源的整理，为学生提供丰富的学科导航服务，满足学生的信息需要。

3. 需要学科馆员提供专业的学科信息

学生在 MOOC 的学习过程中，往往会遇到多种信息障碍，图书馆应选拔优秀的图书馆馆员组成学科馆员团队，开展学科咨询导航服务。学科馆员应深入 MOOC 教学过程中，搜集整理学生可能会咨询的问题，面对面解答学生的咨询。另外，学科馆员还可以参与学科资源建设，传播信息检索知识，为提升学生的学习效果做出努力。

（五）MOOC 环境下高校图书馆服务创新策略

1. 在知识推广与信息咨询方面

在高等教育领域，图书馆对于 MOOC 的推广和相关咨询服务的实施还不够广泛。为了让更多人认识到 MOOC 的益处，需要进行更深入的宣传教育和提供专业的咨询服务。图书馆可以通过以下方式来加强 MOOC 的普及：更新官方网站以包含 MOOC 资源链接，报道 MOOC 领域的最新发展，举办由教育专家主讲的 MOOC 讲座，开展 MOOC 教学经验的交流会议，以及提供在线互动和深度咨询服务。此外，图书馆应该整合 MOOC 信息与现有资源，创建一个综合性的检索平台。根据馆员的学科知识，提供专业的学科支持服务，如设立专题馆员栏目，为不同学科的用户提供专业的信息和咨询服务等。

2. 在课程支持方面

哈佛大学哈佛在线（HarvardX）院长说："在 MOOC 背景下，通过整合资源而创建新的学习经验方面，教师把图书馆视为关键合作伙伴。并且，图书馆和图书馆馆员可以为那些希望更深入地探索知识的学生提供重要参考和指导。"由此可见，高校图书馆除了是信息资源收藏、开发、管理和利用的机构，还扮演着搜集、整合、编译、推广 MOOC 信息的服务角色。高校图书馆要结合专业课程特点提供课程资源使用方面的咨询和指导，包括课前的教学设计和预习、课堂教学、课后作业或反馈以及课外拓展阅读等，积极发挥信息咨询专家的作用。

3. 在信息素养培训方面

在传统教育体系中，图书馆起着至关重要的作用，尤其是在培养学生的信息素养和搜索技能方面。随着MOOC的兴起，这些技能变得更加关键，因为学生必须能够在信息的海洋中迅速找到所需的知识。图书馆通过举办信息素养研讨会和培训，教授学生如何有效地组织和检索信息，帮助他们充分利用MOOC课程资源，从而提高他们的信息技能。图书馆馆员的专业知识对于MOOC课程的制作至关重要。他们的专业技能，包括资料搜集、数据库操作、版权法理解、信息分析和数据管理，可以极大地丰富MOOC课程的内容和实用性。同时，通过参与MOOC的学习，馆员不仅能够提升自己的专业水平，还能增进对在线教育模式的理解。

4. 在信息共享空间方面

MOOC倡导混合式学习方式，即以在线异步学习（如讲座录音录像等）为主，在线同步学习（如虚拟教室、在线课堂等）和线下学习（如教师课件、学习笔记等）为辅。因此，MOOC背景下的图书馆也是学习空间的提供者。学生主要是通过讨论和交流、开展协作式学习活动获得知识。这种环境下，图书馆就成为MOOC的活动空间，为学生提供网络及学习、合作、讨论的空间，还可以利用网站、微信、QQ等开设MOOC虚拟教室和互动论坛，为学生提供交流和共享的聚集地。积极主动、全方位地提供诸如写作培训、技能培训、职业设计、学习讨论等服务。不仅提高图书馆空间的利用率，更可以成为图书馆文化的展示平台。

5. 在版权许可方面

MOOC推崇开放的内容授权和灵活的结构设计，它们通常依据知识共享许可协议，又称CC协议，在保障原创者的基本权益的前提下，促进作品的自由使用与分发。这与那些过分强调版权保护的传统做法形成对比。在这种开放资源的生态中，图书馆馆员的关键任务是协助教师精选合规的资源，防止版权争议的发生。我们可以从国际高校图书馆的优秀实践中汲取经验：首先，协助教师发现并采用那些没有版权障碍的开放教育资源。其次，对于受版权法保护的资源，图书馆馆员应积极寻找开放的替代品，如果这些资源对于课程至关重要，则需与版权持有者进行协商，以获得合法的使用授权；最后，在使用受版权保护的资源时，应确保遵循正确的引用规范，标明来源或通过链接指向原始出处。

6. 在多媒体制作咨询方面

MOOC教学模式下，教师的教学方式、教学能力和角色等都发生了变化，对教师的信息素养能力、专业知识水平、多媒体技术和自身综合素质都有了更高的要求。依托网络和技术发布的 MOOC 课程极度依赖视频课件等多媒体手段。课堂设计不仅要以内容知识点为核心整合动画、视频、文字、PPT 等多种形式，还要注重结合学生的专业特点，精心设计教学内容。高校图书馆在信息技术和多媒体素养方面具有很大的优势，图书馆馆员可以为制作 MOOC 的教师提供各类咨询服务，协助他们掌握多媒体相关技术、完成课程制作。

7. 在创新型馆员培养方面

图书馆服务创新的关键在于馆员队伍的专业素养。因此，图书馆需着重于培养创新精神和能力。这涉及激发馆员探索新的工作路径，实施服务创新的培训计划，以及营造以创新为荣的图书馆文化。此外，图书馆应建立一个持续的教育体系，通过定期的专业发展课程、馆员交流项目和学术会议来提高馆员的专业水平，并吸引具有高学历和专业能力的人才。为了进一步激发创新活力，图书馆还应构建一个创新激励体系，强化团队协作，鼓励团队在服务提供中不断寻找创新的服务方式。

MOOC 作为一种新兴的课程模式，给高等教育带来重大变革的同时，也为高校图书馆带来资源和服务的巨大机遇与挑战，图书馆馆员必须重新定位自己的角色以适应新的发展与需求，明确工作内容和目标、团结协作，及时掌握 MOOC 的发展动态，发挥自身优势，努力推动图书馆的服务创新。

参考文献

[1] 蓝开强 . 高校图书馆建设发展与智慧服务创新研究 [M]. 汕头：汕头大学出版社，2022.

[2] 杨敏 . 互联网时代图书馆学科资源建设与学科服务模式研究 [M]. 青岛：中国海洋大学出版社，2022.

[3] 严潮斌，李泰峰 . 高校图书馆资源与服务体系建设研究 [M]. 北京：北京邮电大学出版社，2015.

[4] 王欢 . 高校图书馆信息资源建设与实践 [M]. 长春：吉林大学出版社，2021.

[5] 包华，克非，张璐 . 高校图书馆信息资源建设 [M]. 北京：中国商务出版社，2019.

[6] 李华，史新伟，李迪 . 高校图书馆信息资源建设与学科服务研究 [M]. 北京：中国纺织出版社，2018.

[7] 李春溪 . 高校图书馆文献信息检索探究 [M]. 重庆：重庆大学出版社，2021.

[8] 张睿丽 . 数字图书馆资源管理与建设 [M]. 长春：吉林人民出版社，2019.

[9] 李艳春，朱平哲，毛靖 . 大数据环境下高校图书馆信息服务转型研究 [M]. 北京：北京工业大学出版社，2019.

[10] 宫磊 . 高校图书馆管理与服务创新研究 [M]. 长春：吉林大学出版社，2020.

[11] 汪其英 . 大学城高校图书馆文献信息资源共建共享研究：以花溪大学城为例 [J]. 内蒙古科技与经济，2023（22）：153−155.

[12] 李新刚，于冬，李林瑛 . 数字化视域下高校图书馆阅读推广创新研究 [J]. 新阅读，2023（7）：64−66.

[13] 葛鸿基．新媒体时代的读者阅读方式变化与高校图书馆资源建设策略［J］. 办公室业务，2023（21）：165-167.

[14] 熊爱梅．基于高校图书馆信息资源的社区图书馆用户开发与服务研究［J］. 黄冈职业技术学院学报，2023，25（4）：132-134.

[15] 李姝，路靖，陈海燕．智慧图书馆背景下高校图书馆高质量文献信息资源建设路径［J］. 江苏科技信息，2023，40（16）：44-47.

[16] 宋静．高校图书馆信息资源服务研究［J］. 大众文艺，2023（4）：103-105.

[17] 余届娟．高校图书馆开发利用网络信息资源的问题与对策［J］. 活力，2022（17）：178-180.

[18] 马艳芳．高校图书馆开发利用网络信息资源的问题与对策分析［J］. 科技视界，2022，12（19）：14-16.

[19] 赛礼克·赛依力．智慧图书馆视域下高校图书馆信息资源建设策略［J］. 科技风，2022（7）：17-19.

[20] 苗静，赵红，李小芹．面向本科教育的高校图书馆信息资源建设策略研究［J］. 内蒙古科技与经济，2022（7）：126-128.

[21] 高鑫．河北省高校图书馆信息资源共建共享服务研究［D］. 秦皇岛：燕山大学，2016.

[22] 李波．高校图书馆信息资源及其服务对关系质量的影响研究［D］. 太原：山西大学，2019.

[23] 项英．高校图书馆数字信息资源整合与服务研究［D］. 武汉：武汉大学，2013.

[24] 陆永兵．高校图书馆信息资源整合研究［D］. 长春：东北师范大学，2006.

[25] 陆如晨．高校图书馆公共信息资源管理研究：基于对福建省十所高校的调查分析［D］. 福州：福建师范大学，2018.

[26] 李婷婷．长三角地区公共图书馆信息资源共享机制建设研究［D］. 合肥：安徽大学，2022.

[27] 奚朝辉．我国“双一流”高校图书馆特色数字资源建设调查与思考［D］. 合肥：安徽大学，2018.

[28] 陈甜 . 双一流高校图书馆有声资源建设研究 [D]. 成都：四川大学，2021.

[29] 崔莣 . 图书馆信息资源共享系统运行机制研究 [D]. 西安：西北大学，2010.

[30] 廖书语 . 高校图书馆读者参与式文献信息资源建设模式研究 [D]. 南京：南京大学，2021.